Susanne Pröschel

Picasso & Co.

Praktische Anregungen für den Kunstunterricht in der Grundschule

Band 2

Auer Verlag GmbH

Herzlichen Dank an alle, die mich bei der Arbeit an diesem Buch unterstützt haben: Michael Pröschel, Yvonne Pröschel, Doris Gebhard, Uta Roth, Andrea Fleuchaus, Elke Jost und Silke Lattmann.

Gedruckt auf umweltbewusst gefertigtem, chlorfrei gebleichtem und alterungsbeständigem Papier.

4. Auflage. 2006

Gesamtherstellung: Ludwig Auer GmbH, Donauwörth
ISBN 3-403-0**3449**-6

www.auer-verlag.de

Inhaltsverzeichnis

Einleitung

Die Kunstwerke berühmter Maler haben so viel mehr mit Kindern zu tun, als es auf den ersten Blick erscheint.
Sie werden jetzt vielleicht denken, dass Kunstwerke unsere Schüler zur kreativen Umsetzung bestimmter Themen und Motive anregen sollen. Natürlich, denn das ist naheliegend. James Rizzi antwortete in einem Interview auf die Frage, wie er seinen Stil charakterisieren würde: „... Ein naiver Stil, von Kinderzeichnungen beeinflusst.“ Und nicht nur er, sondern beinahe jeder berühmte Künstler hat irgendwann einmal einen Satz zu Kunst und Kindern gesagt, die alle ihre Wertschätzung kindlicher Zeichnungen zum Ausdruck bringen.
Kunst entsteht nicht nur durch Kinder beeinflusst, sondern auch für Kinder. Kinder sehen in Kunstwerken oft Dinge, die dem durch Wissen, Erlebnisse und Erfahrungen geprägten Auge des Erwachsenen oft nicht mehr sichtbar sind. Manchmal kommen sie mit ihrer Sichtweise dem eigentlichen Gemälde sogar näher, als es uns je gelingen könnte.
Kunst taucht in vielen kindlichen Lebensbereichen auf. Je mehr man darauf achtet, umso häufiger entdeckt man Kunst im kindlichen Alltag. Durch die zunehmende Mobilität haben heutige Grundschüler schon mehr von dieser Welt gesehen, als sich das noch die vorhergehende Generation je hätte träumen lassen. Die Deutschen gelten als reisefreudigste Nation, ein Umstand, der auch bei den ganz kleinen Mitreisenden Eindrücke hinterlässt. Oft besteht der Urlaub nicht nur aus Sonne, Strand und Baden, auch die Kunstwerke, Museen, Galerien und historische Sehenswürdigkeiten vor Ort werden besucht. Fernsehen, Kino, Computerspiele – die Medien des dritten Jahrtausends – schaffen neue Horizonte und werfen neue Fragen auf. Kinder von heute interessieren sich für viele Dinge, die zu ihrem erweiterten Erlebnisbereich gehören.
In diesem Band finden Sie neun Künstler und eine Künstlergruppe, deren Werke Kindern sehr entgegenkommen. Zu allen Malern lassen sich im täglichen Unterricht zahlreiche Querverbindungen zu Sachthemen, jahreszeitlichen Themen, zum Deutschunterricht und – wie bei Victor de Vasarély – tatsächlich auch zum Mathematikunterricht herstellen.

Für das Gelingen Ihres Kunstunterrichtes habe ich Ihnen einige Tipps zusammengestellt.

- Schüler sind stolz darauf, wenn ihre Werke im Klassenzimmer oder Schulhaus aufgehängt werden.
  Am besten hängen Sie neben die Schülerwerke ein kleines Plakat mit dem Titel der jeweiligen Kunststunde, der Unterrichtseinheit und dem Namen des berühmten Malers, der eventuell auch mit ein paar Lebensdaten und Informationen genauer vorgestellt werden kann.
- Unterstützen Sie das künstlerische Selbstbewusstsein eines jeden Schülers.
- Material ist im Bereich Bildbetrachtung in der Grundschule besonders wichtig. Je mehr Werke eines Künstlers die Schüler betrachten können, desto mehr vertieft sich ihr Eindruck von der spezifischen Technik, der besonderen Farben und der bestimmten Motive des Malers. Postkarten, Bildbände, T-Shirts, Werbeausschnitte, Tassen, Teller, Briefpapier, Adressbücher und Kalenderblätter mit Werken des Künstlers sind oft leichter zu beschaffen als man zunächst annimmt. Im modernen Antiquariat beispielsweise kann man sehr preiswerte Bildbände berühmter Maler erstehen. Aber auch viele Eltern und Kollegen stellen oft bereitwillig Material zur Verfügung.
- Erleichtern Sie sich den Kunstunterricht durch eine möglichst einfache und schnelle Vorbereitung:
  Lassen Sie die Schülertische mit alten Plastiktischdecken abdecken – alte Garten- oder Küchentischdecken spenden die Eltern meist gerne – denn Zeitungspapier verrutscht und zerreißt.
  Ein oder zwei Schüler verteilen mit Gießkannen das Wasser an die Kinder, damit nicht jeder mit seinem Becher zum Wasserhahn laufen muss.
- Borstenpinsel lassen sich in der Regel leichter von Grundschülern handhaben als Haarpinsel. Die Pinsel sollen immer mit dem Pinselkopf nach oben in das Wasserglas gestellt werden, denn ansonsten gehen die feinen Pinselhaare schnell kaputt.
- Wasserfarben leuchten erst dann in ihrer ganzen Farbintensität, wenn der Pinsel zuvor so lange im Farbdöschen gerührt wird, bis eine Bläschenbildung sichtbar wird.
- Um die jeweiligen „Lieblingsfarben“ – also die am häufigsten verwendeten und typischen Farben – eines Malers zu finden, haben sich so genannte Farbkarten in der Praxis gut bewährt. Solche Karten können Sie entweder selbst mit Ihrem Farbkasten und einer Tube Deckweiß anfertigen, oder Sie kaufen in möglichst vielen Farben Tonpapier, das Sie als Kärtchen zurechtschneiden. Diese Farbkarten dienen dazu, die Farben des Malers genau zu betrachten und zu analysieren. Die Karten werden an die Tafel geheftet und ergänzen das Tafelbild.

Niki de Saint Phalle

Die Geschichte von der kleinen Schlange Sieglinde Ringelsehr

1. Zur Sachanalyse

Niki de Saint Phalle zählt zu den bekanntesten Künstlerinnen der zweiten Hälfte des 20. Jahrhunderts. Ihre weltberühmten *Nanas* stehen an vielen Orten der Welt, ihr einzigartiger *Tarrot-Garten* in der Toskana wird täglich von hunderten Interessierten besucht, ihr selbstkreiertes Parfüm, ihr Aids-Aufklärungsbuch, ihre illustrierten Briefe und viele andere ihrer Werke sind Zeugnisse einer außergewöhnlichen und kreativen Frau. Niki de Saint Phalle lebt heute aus gesundheitlichen Gründen in der Nähe von San Diego/Südkalifornien. Wie bei vielen anderen Künstlern ist ihre Biografie untrennbar mit ihren künstlerischen Ideen verbunden. Es lohnt sich, ihre Lebensgeschichte im Detail zu lesen, denn sie lässt an aufregenden Erlebnissen, ungewöhnlichen Entscheidungen und spannenden Lebensphasen nichts zu wünschen übrig. Da Niki de Saint Phalle zweifellos eine außergewöhnlich zielorientierte Frau ist, gelang es ihr, sich als moderne Künstlerin in einer von Männern dominierten Kunstgesellschaft im Paris der frühen sechziger Jahre zu etablieren. Schon bevor die so genannten „wilden Sechziger" und die sexuelle Befreiung der Frau in aller Munde waren, setzte Niki de Saint Phalle Meilensteine für die weibliche Kunstszene. Unter dem Namen Catherine Marie-Agnès Fal de Saint Phalle wurde Niki 1930 in der Nähe von Paris geboren. Im gleichen Jahr verlor ihr Vater bei dem New Yorker Börsenkrach sein gesamtes Vermögen. Nikis amerikanische Mutter ging daher 1933 zurück in ihre Heimat nach Greenwich/Connecticut und verbrachte nur noch die Sommerferien in Frankreich. Niki besuchte bis 1941 eine strenge Klosterschule in New York, anschließend eine Public School in Princeton/New Jersey bei ihren Großeltern. Ihr Verhalten in der Schule war auffällig und den Eltern wurde eine psychiatrische Therapie für ihre Tochter empfohlen. Was kaum jemand ahnte oder gerade zur damaligen Zeit auch nicht wahrhaben wollte: Niki war im Alter von 12 Jahren von ihrem Vater missbraucht worden. Ein Erlebnis, das sie ein Leben lang zu verarbeiten suchte. Trotz schwerer seelischer Probleme schaffte sie ihr Abitur und arbeitete zunächst als Fotomodell, bis sie 1950 Harry Mathews heiratete. Zu dieser Zeit entstanden ihre ersten Bilder. 1951 kam Nikis Tochter zur Welt. 1953 erlitt sie einen so schweren Nervenzusammenbruch als Folge ihrer noch längst nicht verarbeiteten Kindheitserlebnisse, dass sie in Nizza stationär behandelt werden musste. Das Malen wurde zur Therapie, die ihr half, ihre psychischen Konflikte auszudrücken und zu bewältigen. Der Entschluss, Malerin zu werden, stand für sie nun fest. 1955, nach der Geburt ihres Sohnes, zog die Familie nach Paris, wo Niki nun mit der damaligen Kunstszene in Kontakt kam und vor allem die Bekanntschaft Jean Tinguelys und seiner Frau Eva Aeppli, zwei bekannten Schweizer Künstlern, machte. Niki verliebte sich in Jean Tinguely und verließ 1960 ihre Familie, um gemeinsam mit ihm in seinem Atelier zu leben und zu arbeiten. 1961 gelang ihr der künstlerische Durchbruch mit ihren Aufsehen erregenden Schießaktionen: Verschiedene Objekte und Farbbeutel überzog sie mit Gips, sodass Gipsreliefs entstanden. Anschließend wurde dann auf diese geschossen. Das entstandene Bild mit der verlaufenden Farbe nannte sie *„tir"*. Schießen bedeutet für Niki nicht nur ein Akt der Befreiung, sondern auch ein Akt der kreativen Herstellung eines Kunstwerkes – die Umkehr der eigentlichen Schießfunktion also. In ihrer Auseinandersetzung mit der Rolle der Frau entstanden in den folgenden Jahren ihre berühmten *Nanas*, die die Frau im Gegensatz zum damaligen schlanken Twiggy-Trend als gebärendes, mütterliches Wesen zeigt. 1966 entstand für das Moderna Museet in Stockholm die riesige, begehbare (28 m lang, 9 m breit und 6 m hoch) Nana mit Namen „Hon" (schwedisch für „sie"). Begehbare Skulpturen wurden von diesem Zeitpunkt an ein wichtiges Thema in Niki de Saint Phalles Werk. 1971 heirateten Niki und Jean Tinguely, obwohl Tinguely mit ihrem Wissen mit einer anderen Frau ebenfalls liiert war. Im gleichen Jahr wurde Niki Großmutter: Ihre Tochter brachte ein Mädchen zur Welt. Die Enkelin war unter anderem der Anstoß für zwei begeh- und bespielbare Monumentalskulpturen: ein Kindergarten in Jerusalem *Golem* und ein Spielhaus in Belgien *Le Dragon*. Dass Tinguely von einer anderen Frau einen Sohn bekam, stürzte sie und ihre Beziehung zu Jean in eine tiefe Krise, die beinahe in einer von ihr geplanten Selbstmordinszenierung geendet hätte. Sie fand danach durch die Unterstützung einer Freundin den Mut und den Enthusiasmus, 1980 mit der Arbeit an ihrem *Tarrot-Garten* in der Toskana zu beginnen, ein Garten bestehend aus riesigen, begeh- und bewohnbaren Skulpturen, die dem Tarrotkartenspiel entstammen. Eine weitere Liaison Tinguelys zu einer jungen Belgierin führte Ende der achtziger Jahre fast zur Trennung des berühmten Künstlerpaares. Gemeinsame Projekte verhinderten diese Entscheidung zunächst. Mit dem Tod Jean Tinguelys 1991 endete eine jahrzehntelange, erfolgreiche und auch spektakuläre Künstlerbeziehung, die die Welt um viele Kunstwerke bereichert und verschönert hatte. Nach der Organisation und der Eröffnung eines Tinguely-Museums in Basel unter Niki de Saint Phalles Aufsicht zog sich die Künstlerin nach Amerika zurück. Durch die Arbeit mit dem Kunststoff Polyester war Nikis Gesundheit bereits seit den späten sechziger Jahren schwer angeschlagen: Sie litt zeitweise unter so starken Atembeschwerden, dass mehrere Klinikaufenthalte notwendig waren. Das Klima in San Diego half ihr, die Welt bis zu ihrem Tod am 21. Mai 2002 mit immer neuen künstlerischen Ideen zu begeistern.

2. Zur didaktischen Analyse

Die Art, ihre *Nanas*, ihre begehbaren Skulpturen und ihre anderen Kunstobjekte zu bemalen, besitzt einen hohen Wiedererkennungseffekt. Ihre farbigen Muster tauchen auf allen ihren Kunstwerken auf und gehören unverkennbar zu Nikis ganz persönlichem Stil. Wann auch immer man also ein Werk von Niki de Saint Phalle, das man bislang noch nicht kannte, sieht, erkennt man es an ihrem Malstil ganz sicher.
Die Farben und Formen dieser Muster lernen die Schüler in dieser Stunde kennen. Eine Schlange hat Niki de Saint Phalle selbst einmal mit ihren farbigen

Parfümflakon mit Verschluss in Form verknoteter Schlangen

Mustern versehen: Das von ihr 1982 kreierte Parfüm zur Finanzierung ihres *Tarrot-Gartens* wurde in einem Flakon verkauft, auf dessen Verschluss sich zwei ineinander verschlungene Schlangenskulpturen befanden (s. S. 6). Die Schlange als Symbolfigur taucht auch bei vielen anderen ihrer Skulpturen immer wieder auf.
Neben ihren farbigen Mustern sollen die Schüler natürlich auch das skulpturale Element der Werke Niki de Saint Phalles kennen lernen. Bilder ihrer Werke und eventuell auch das Nachformen einer Schlange (Salzteig, Knetmasse, Sägemehlmasse) runden diese Unterrichtsstunde ab.

- Homage to Le Facteur Cheval (Schießbild), 1962
- **Gwendolyn, 1966/1990**
- Le rêve de Diane (7 Skulpturen), 1970
- **Parfümflakon für den Duft „Niki de Saint Phalle“ für die Firma Jacqueline Cochran, New York, 1984**
- L'arbre fontaine, 1987/1989
- L'erimite, 1988
- Le monde, 1989

3. Verlaufsplanung

(alle Jahrgangsstufen)

Kunstbetrachtung: Niki de Saint Phalle und ihre Plastiken

Technik: Malen mit Farben
(Formen mit Modelliermasse)

Material:
- Geschichte der kleinen Schlange Sieglinde Ringelsehr (s. S. 7)
- Foto von Niki de Saint Phalle (s. S. 9)
- Arbeitsvorlage (s. S. 11)
- schwarzer Filzstift oder schwarze, wasserfeste Wachsmalkreide
- Pinsel
- Wasserfarben
- Zeichenpapier

Die eventuell zum Kneten benötigten Materialien entnehmen Sie bitte dem jeweiligen Rezept auf Seite 8.
- Arbeitsblatt „Niki de Saint Phalle“ (s. S. 12)

3.1 Einstieg

Die Kinder sitzen in einem Kreis und hören die Lehrererzählung. Dabei gelingt der Vortrag der folgenden Geschichte spannender, anschaulicher und schülergerechter, wenn Sie – mit wirklich wenig Aufwand – aus einer alten Socke und mit zwei Knöpfen eine Handpuppe basteln, die Sie während der Erzählung spielerisch unterstützt.

Die Geschichte von der kleinen Schlange Sieglinde Ringelsehr

Sieglinde Ringelsehr war eine kleine, ganz normale Schlange mit einem langen Körper, kleinen Augen und einem guten Herz. Wo immer sie durch ihren geliebten Wald schlängelte, grüßte sie alle Tiere, denen sie begegnete: „Hallo Amsel, guten Morgen Schmetterling, hallo kleine Biene." Auch mit den Blumen war Sieglinde gut befreundet und hielt hier und da mit so manchem Veilchen oder Löwenzahn ein kurzes Pläuschchen. Alle in dem großen Wald mochten die kleine Sieglinde Ringelsehr. Vielleicht gerade deshalb, weil alle wussten, wie unglücklich Sieglinde eigentlich war. Sie hasste es, so farblos braun auszusehen und beneidete die herrlich bunten Schmetterlinge, das Gelb der Bienen, das Blau der Vergissmeinnicht, das Rot der Mohnblumen und das Grün der Grashüpfer und Frösche. Wie gerne wäre Sieglinde auch ein bisschen bunter gewesen. So kam es, dass Sieglinde oft sehr traurig durch den Wald schlängelte und manchmal ihr Grüß Gott, ihr Guten Morgen und ihr Hallo recht leise und bedrückt klang.

Eines Tages hörte Sieglinde auf ihrem Weg durch die Wiese ihren Freund, den Frosch, laut um Hilfe rufen. So schnell sie konnte schlängelte sich Sieglinde an den Teich heran, aus dem die Hilferufe kamen. Der Frosch hatte sich in einer Seerose verhangen und weder er noch die Seerose konnten sich befreien. „Mein Bein hat sich in den Wurzeln der Seerose verhakt!" So schnell sie konnte schlängelte sich Sieglinde durch die verknoteten Wurzeln, lockerte sie und half dem Frosch ans Ufer. „Du bist eine gute Schlange, Sieglinde", sagte der Frosch, „vielen Dank, das vergesse ich dir nie." Traurig blickte Sieglinde dem Frosch hinterher. Ein bisschen von seinem Grün, ein bisschen vom Rot der Seerose ..., dachte sie. Oder von diesem schönen Weiß ..., aber was ist das eigentlich? Sieglinde blickte an dem Weiß nach oben und erschrak.

Auf dem Overheadprojektor wird das Foto (s. S. 9) von Niki de Saint Phalle gezeigt.

„Ui, bist du eine gute Fee?", fragte Sieglinde. „Freilich bin ich das", sagt die gute Fee. „Ich heiße Niki und weil du so eine gute Schlange bist, möchte ich dir helfen. Schau, das sind Muster, die ich mir ausgedacht habe."

Die Schüler erhalten die Arbeitsvorlage (s. S. 11).

„Jetzt", sagte Niki, die Fee, „musst du mir nur noch sagen, welche Farben du magst!" „Das weiß ich ganz genau", sagte Sieglinde, „grün wie der Frosch, gelb wie die Biene, rot wie die Mohnblume, orange wie eine Orange, blau wie das Veilchen und schwarz und weiß, weil das meine Lieblingsfarben sind."

Die Farbkarten werden an die Tafel geheftet.

In Gedanken stellte sich Ringelsehr schon ihre wunderschön bemalte Haut vor. Dabei kamen ihr viele Ideen ...

3.2 Objektivierung

3.2.1 Arbeitsphase 1

Die Schüler malen mit Filzstiften (oder Wachsmalkreide bzw. Wasserfarben) zunächst die Flächen auf den Mustern der Arbeitsvorlage farbig aus. Weiße Flächen und schwarze Linien beachten!

Was denkst du? Wird sich Sieglinde Ringelsehr für eines der Muster oder gleich für alle Muster entscheiden?

Welches Muster gefällt dir am besten?

3.2.2 Arbeitsphase 2

Die Fee namens Niki hat nicht nur die Figur, sondern auch unsere kleine Schlange mit einem farbigen Muster verziert. Mit welchem (oder vielleicht sogar mit ganz vielen) kannst du nun selbst entscheiden.

Eine Schlange frei zu malen gelingt vor allem den Schülern der dritten und vierten Jahrgangsstufe recht gut. Achten Sie darauf, dass die Kinder eine möglichst gleichmäßig dicke Schlange malen, da genügend Platz für die Muster entstehen soll.

Sollten die Schüler Schwierigkeiten haben, eine gleichmäßig dicke Schlange zu zeichnen, können Sie ihnen mit einem Trick helfen:

Zwei Pinsel werden in eine Hand genommen, zwischen Daumen und Zeigefinger und zwar so, dass sich die Pinsel überkreuzen. So wird der Körper gemalt.

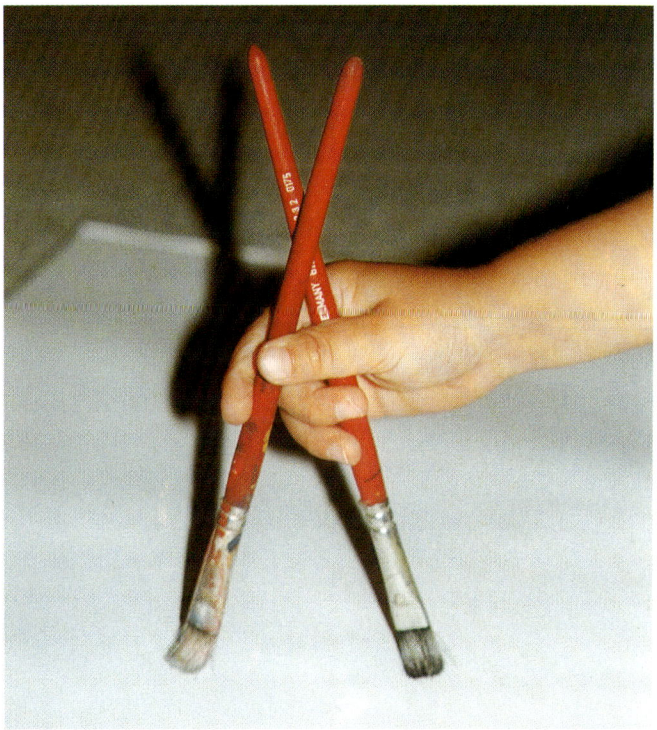

Abschließend erhält die Schlange noch einen Kopf und ein Schwanzende.

Mit schwarzem Filzstift (schwarzer, wasserfester Wachsmalkreide oder Wasserfarben) werden nun die Umrisse der Niki-de-Saint-Phalle-Muster gezeichnet und anschließend mit Wasserfarben ausgemalt.

Schülerarbeiten „Schlange Ringelsehr“

Die fertiggestellten Schlangen können an die Wand gehängt oder auch an Fäden an der Decke aufgehängt werden.
Anschließend lernen die Kinder die Künstlerin Niki de Saint Phalle und einen Teil ihrer Werke kennen.
Unsere gute Fee namens Niki hat noch andere Dinge verzaubert ...
Niki de Saint Phalles Nana (s. S. 10) wird auf dem Overheadprojektor als Folie gezeigt.
Die Kinder äußern sich dazu:

- Das ist eine große Puppe, Mensch, Figur.
- Die Figur tanzt.
- Das ist ein verzauberter Mensch.

Von dieser Fee gibt es einiges zu erzählen, denn es gibt sie tatsächlich. Sie heißt Niki de Saint Phalle, *ist eine berühmte Malerin und lebt in Amerika.*
Je nach Jahrgangsstufe entscheiden Sie selbst, wie ausführlich Sie den Schülern in einem Sitzkreis vom Leben der Künstlerin berichten. Alle Informationen können Sie der Sachanalyse entnehmen.
An dieser Stelle kann den Schülern das Arbeitsblatt „Niki de Saint Phalle“ (s. S. 12) zur Bearbeitung gegeben werden.

3.3 Skulpturale Arbeitsphase

Wenn Sie genügend Zeit haben und Ihre Schüler Freude an den Werken Niki de Saint Phalles haben, können Sie nun Figuren der Künstlerin (Nanas, Schlangen) nachformen.
Das Kneten fördert und unterstützt die motorische Entwicklung der Kinderhände (Buchstaben kneten in der ersten Jahrgangsstufe). Eine Möglichkeit wäre auch, das Kneten der Figuren in eine Phase der freien Arbeit zu legen.
Als umweltfreundliche und preiswerte Knetmassen, die Sie mit geringem Aufwand herstellen können, bieten sich unter anderem an:

Salzteig
2 Tassen Mehl
1 Tasse Salz
½ Tasse Wasser und je nach Festigkeit noch mehr Wasser zugeben.
Den Salzteig können Sie einfach an der Luft trocknen lassen!

Knetmasse
400 g Mehl
200 g Salz
30 g Alaun (aus der Apotheke, ca. 1,– DM)
3 Esslöffel Speiseöl
½ l abgekochtes Wasser
mit dem Handrührgerät verrühren und anschließend mit den Händen gut durchkneten.
Auch diese Knetmasse können Sie an der Luft trocknen!

Sägemehl/Leim
Sägemehl und Leim (aus dem Baumarkt) 1:1 vermischen, bis eine Knetmasse entsteht.

Literatur:
Becker, Monika: Starke Weiblichkeit entfesseln. Niki de Saint Phalle. München 1999.
Hulten, Pontus: Niki de Saint Phalle. Ostfildern 1992.

Niki de Saint Phalle als Fotomodell (Fotografie)

de Saint Phalle, Niki: Gwendolyn, 1966/1990

Arbeitsvorlage

Name:	Datum:	Kunst	

Das ist

Niki de Saint Phalle.

Niki wurde 1930 in der Nähe von Paris geboren. Dies ist ein Foto aus ihrer Zeit als Fotomodell. Erst später entschloss sie sich, Künstlerin zu werden. Im Jahr 2002 starb Niki in San Diego. Ihre riesig großen Nanas – Frauenskulpturen mit Mustern bemalt – wurden weltberühmt. In der Toskana (Italien) hat Niki einen großen Garten mit riesigen Figuren gebaut. Auch dort findet man überall ihre Muster.

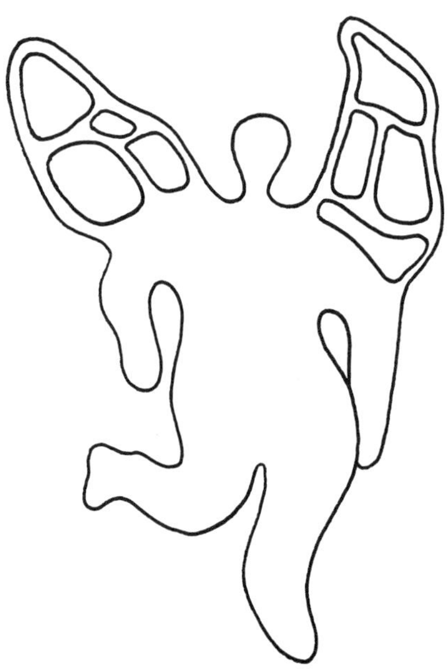

Diese Figuren könnten einige von Niki de Saint Phalles Nanas sein. Male sie bunt aus. Du kannst sie auch mit Mustern verzieren.

Der Blaue Reiter

Die Münchener Künstlergruppe um Kandinsky, Marc, Macke und Co.

1. Zur Sachanalyse

Wassily Kandinsky, 1866 in Moskau geboren, studierte zunächst Rechtswissenschaften, entschloss sich jedoch 1896, das Studium der Malerei in München zu beginnen. Anfang des zwanzigsten Jahrhunderts war München de facto eines der wichtigsten künstlerischen Zentren Europas. Kandinsky traf hier unter anderem eine Reihe russischer, im Exil lebender Künstler, mit denen er eng zusammenarbeitete. Schon kurz nach Beginn seines Malstudiums gründete Kandinsky mit einigen Kollegen die Künstlergruppe und Malschule *Phalanx*. Eine seiner Schülerinnen war Gabriele Münter, die in den nächsten Jahren Kandinskys Lebensgefährtin wurde. Mit ihr sowie mit Paul Klee, August Macke und Alfred Kubin gründete er 1909 die Gruppe *Neue Künstlervereinigung München*, abgekürzt N. K. V. M. Ziel der Vereinigung war der Zusammenschluss unterschiedlicher Künstler und die Organisation von Ausstellungen, um neue künstlerische Ideen in der Öffentlichkeit zu präsentieren. Nach zwei Ausstellungen der N. K. V. M. kam es zu heftigen Meinungsverschiedenheiten zwischen den Mitgliedern, deren Tenor letztlich die Ablehnung Kandinskys Farb- und Formexperimente war. Kandinsky verließ die Künstlervereinigung, aus Solidarität folgten ihm Gabriele Münter, Franz Marc und Alexej Jawlensky. 1911 gründete Wassily Kandinsky mit Franz Marc die Redaktionsgemeinschaft *Der Blaue Reiter*, die zunächst zum Ziel hatte, einen Almanach zum Thema moderne Kunst zu publizieren. Es wurde daraus eine der berühmtesten Künstlervereinigungen, deren Kunstauffassungen und Werke wegweisend für die Kunst der folgenden Jahrzehnte wurde. Später traten dem Blauen Reiter Paul Klee und August Macke bei. Im Kreis des Blauen Reiters sind außerdem noch das mit Wassily Kandinsky und Gabriele Münter befreundete russische Künstlerpaar Alexej Jawlensky und Marianne von Werefkin zu nennen. Einige der schönsten Bilder des Blauen Reiters sind im Lenbachhaus in München zu sehen.

Die Bilder des Blauen Reiters sind so unterschiedlich wie seine Vertreter, dennoch verband die Maler ihre Auffassung von Kunst. Kunst sollte mehr in seine Bilder miteinbeziehen als das bloße sichtbare Motiv. So wurden zum Beispiel im Almanach *Der Blaue Reiter* nicht nur Beiträge zur modernen Kunst aufgenommen, sondern unter anderem auch ein Artikel Arnold Schönbergs, dem Erfinder der Zwölftonmusik, über das Verhältnis der Musik zum Text am Beispiel der Schubertschen Lieder. Einig waren sich alle Mitglieder des Blauen Reiters in dem Aufruf zu einer geistigen Erneuerung aller künstlerischen und kulturellen Bereiche. Eine solche Veränderung sahen Kandinsky und Co. noch nicht manifestiert in einem neuen Kunststil. Kandinsky ging als Einziger den Weg in die pure Abstraktion seiner Werke.

In den vom Blauen Reiter organisierten Ausstellungen wurden die unterschiedlichsten modernen Künstler präsentiert, die jedoch alle für die geistige Erneuerung in der Kunst gesehen werden sollten. Mit Beginn des Ersten Weltkrieges 1914 floh Kandinsky nach Russland, Marc und Macke verloren an der Front ihr Leben. Einige Jahre nach dem Ende des Ersten Weltkrieges trafen sich Paul Klee und Wassily Kandinsky am Bauhaus in Weimar wieder und arbeiteten dort bis kurz vor dem Ausbruch des Zweiten Weltkrieges gemeinsam.

Die Künstlergruppe Der Blaue Reiter bestand zwar nur wenige Jahre, bildete aber für die Kunst des zwanzigsten Jahrhunderts eine der wichtigsten Ideenquellen.

2. Zur didaktischen Analyse

Das Malen von Bildern ist eine autonome Tätigkeit. Umso interessanter ist es für Schüler zu erfahren, dass sich seit je her immer wieder Maler zu Künstlervereinigungen zusammengeschlossen haben, um für ihre spezielle Auffassung von Kunst gemeinsam einzutreten. Durch eine solche Gemeinschaft ist es leichter, neue, vielleicht sogar „revolutionäre" künstlerische Ideen zu initiieren, zu verbreiten und umzusetzen. Als eine solche künstlerische Gemeinschaft, die auch eine persönliche Freundschaft war, sollen die Kinder die Mitglieder August Macke, Franz Marc, Paul Klee und Wassily Kandinsky des Blauen Reiters und ihre Künstlervereinigung kennen lernen. Obwohl die Kunstwerke Kandinskys, Klees, Marcs und Mackes unterschiedlich in Farbigkeit und Motivwahl sind, so stehen sie dennoch für die damals neue Kunstrichtung der Moderne.

3. Verlaufsplanung

(3. und 4. Jahrgangsstufe)

Kunstbetrachtung: Der Blaue Reiter

Technik: Wasserfarbmalerei als Bilddiktat

Material:
- „Improvisation 26 (Ruder)“ (s. S. 17) oder Diktattext (s. S. 15)
- Rollenspiel (s. S. 14)
- Arbeitsblatt „ Der Blaue Reiter“ und Ausschneidebogen (s. S. 18 ff.)
- Buntstifte
- Schere und Klebstoff
- Zeichenpapier (DIN-A3-Format)
- Wasserfarben
- schwarzer, wasserfester Wachsmalstift
- Kreppklebeband
- eventuell „Improvisation 26 (Ruder)“ als Folie

3.1 Einstieg

In der Anfangsphase dieser Unterrichtseinheit geht es um das Vorstellen der Künstlergruppe:
Vier Schüler ihrer eigenen Klasse oder einer anderen (eventuell aus einer vierten Klasse) tragen ein zuvor kurz besprochenes Rollenspiel vor. Die Texte dazu können Sie einen Tag zuvor oder auch erst kurz vor der Kunststunde den entsprechenden Schülern geben. Das Rollenspiel muss nicht unbedingt frei gesprochen werden, es reicht selbstverständlich auch, wenn die Kinder ihre Texte ablesen. Natürlich steht der Text nicht für historische Authentizität, sondern er soll vielmehr die Gruppe des Blauen Reiters und ihre Besonderheiten für Kinder verständlich vermitteln.

Die vier Schüler setzen sich in einem kleinen Stuhlkreis vor die Tafel, stecken ihre Köpfe zusammen und tuscheln leise. Anschließend tragen sie folgendes Gespräch vor:

Wassily Kandinsky: Schau mal Franz, dieses Bild habe ich neulich gemalt. (Postkarte, Farbkopie, Poster oder Bildbandseite eines Kandinskybildes, hier wurde Bezug genommen auf das Bild *Improvisation 26, 1912*) Die Striche hier sollen die Ruder eines Bootes sein, der Kreis dort soll die Sonne sein und diese Striche hier ein Dorf. Das ist ziemlich abstrakt, aber das ist meine neue Idee von Kunst, weißt du. Wie findest du das?

Franz Marc: Mensch Kandinsky, du hast wirklich super Ideen. Gefällt mir sehr gut. So abstrakt wie du male ich zwar nicht, aber ich habe auch ein paar neue Ideen. Du weißt, dass ich sehr, sehr gerne Tiere male. Das ist mein neuestes Bild. Ein Tiger, mal ganz anders, als ihn andere Maler malen. Die malen irgendwie immer nur genau das, was sie sehen, da kann man ja gleich eine Fotografie nehmen, oder? Weißt du, ich wollte, dass man gleich die Kraft, die Macht und die Gefahr spürt, wenn man diesen Tiger sieht. August, Paul, was sagt ihr dazu?

August Macke: Wir werden allen zeigen, wie unserer Meinung nach die zukünftige moderne Kunst aussehen könnte. Toll, was ihr so malt. Gefällt mir. Gut, dass wir so zusammenhalten. Gemeinsam sind wir stark. Für unsere Ausstellung habe ich das hier gemalt. Menschen, so wie ich sie male. Das ist mein Zoologischer Garten.

Paul Klee: Das passt zu meinem Bild. Auch ziemlich modern und abstrakt. Mensch, wisst ihr was, ist doch egal was die anderen Maler sagen, ich glaub ganz fest, dass unsere Ausstellung ein Riesenerfolg wird und den Leuten unsere modernen Bilder gefallen werden. So sieht für uns moderne Kunst aus. Wie wollen wir uns eigentlich nennen. Ich finde, unsere Gruppe braucht einen Namen.

Wassily Kandinsky: Genau, wir brauchen einen Namen für unsere Gruppe. Wir reiten wie der Wind in eine neue Zeit, auf eine neue Kunst zu. Und, Freunde, unsere Kunst ist einfach himmlisch toll. Blau, Blau wie der Himmel ...

Franz Marc: „Der Blaue Reiter“. Das ist modern. Wie wär's mit dem Namen „Der Blaue Reiter“ für unsere Gruppe?

Wassily Kandinsky: Super! Akzeptiert! Und jetzt machen wir unsere eigenen Ausstellungen. Wenn den anderen meine Bilder zu groß sind ... Lächerlich. Es kommt doch nicht auf die Größe der Bilder an, sondern auf das, was sie zeigen!

Anschließend können sich die Schüler zu dem Rollenspiel äußern, Fragen stellen etc.
Die wichtigsten Inhalte des Rollengespräches halten Sie an der Tafel fest. Folgende Impulse können das Unterrichtsgespräch unterstützen:

- *Ihr wisst nun, wie diese Künstlergruppe sich nennen wird ...*
- *Wenn ihr genau aufgepasst habt, wisst ihr, warum Kandinsky sich über die anderen Maler geärgert hat ...*
- *Vielleicht habt ihr euch gemerkt, was die Maler so über ihre Bilder sagen ...*
- *Jetzt wisst ihr, warum sich diese Maler zu einer Gruppe zusammenschließen wollen ...*
- *Den anderen Künstlern war das Bild von Kandinsky zu groß.*
- *Sie wollen gemeinsam zeigen, dass jetzt Zeit für eine neue Kunst ist.*
- *Sie wollen nun modern malen.*
- *Mit ihren Bildern wollen sie mehr zeigen, als nur ein Foto.*
- *Sie haben abstrakte Bilder erfunden.*
- *Bei ihren Bildern muss man nachdenken.*

- Kandinsky, Wassily: Mit Sonne, 1911
- **Kandinsky, Wassily: Improvisation 26, 1912**
- Marc, Franz: Die gelbe Kuh, 1911
- Marc, Franz: Tiger, 1912
- Macke, August: Zoologischer Garten I, 1912
- Macke, August: Hutladen, 1913
- Klee, Paul: Rosengarten, 1920
- Klee, Paul: Garten am Bach, 1927

Du brauchst nun Schere und Klebstoff!
Auf deinem Arbeitsblatt findest du noch einmal unsere vier Künstler, die sich zu dem Blauen Reiter zusammengeschlossen haben.
Außerdem bekommst du nun noch einen Ausschneidebogen mit weiteren Werken der Vier.
Schneide die Bilder aus und versuche, sie den einzelnen Künstlern zuzuordnen. Du wirst sehen, so schwer ist das gar nicht!
In einem Unterrichtsgespräch beschreiben die Schüler die verschiedenen Bilder der vier Künstler und versuchen Merkmale zu finden, anhand derer sie die Bilder zugeordnet haben.
Das Arbeitsblatt wird anschließend mit Buntstiften angemalt.

3.2 Objektivierung

Lehrererzählung:
Der Blaue Reiter plante wieder einmal eine Ausstellung. Dazu trugen Kandinsky, Klee, Marc und Macke ihre Bilder zunächst einmal in die Wohnung von Kandinsky. Dort ordneten sie die Bilder so, wie sie dann in den Ausstellungsräumen aufgehängt werden sollten.
Gabriele, die Freundin Kandinskys, selbst auch eine begeisterte Malerin, half eifrig mit.
Und dann, au weh, Franz Marc versuchte gerade, ein besonders großes Bild hell durch den Türrahmen zu tragen und rempelte Gabriele an. Die stieß an einen Farbeimer …
Ach du Schreck! Es hatte den Stapel mit Wassily Kandinskys Bildern erwischt.
„Ganz ruhig", sagte Kandinsky, „ich sage euch, wie ihr malen sollt, und ihr helft mir einfach, Ersatzbilder herzustellen. Los, auf geht's. Das schaffen wir."

Kandinskys Bilddiktat

Lehreranweisung:
Legt bitte euer Zeichenpapier, Wasserfarben und einen schwarzen Wachsstift (wasserfest!) bereit.
Wassily Kandinsky liebt klassische Musik. Beim Malen hörte er oft Musikstücke. Malerei und Musik, das gehörte für ihn einfach zusammen.
Natürlich legte er auch jetzt für seine Helfer Musik auf.
(zum Beispiel: Bach: Brandenburger Konzerte oder Ravel: Der Bolero)
Färbe das Blatt mit deinem großen Pinsel hellblau ein. In die linke obere Ecke male einen großen roten Punkt. Umrahme diesen schwarz. Rechts unten male einen kleinen schwarzen Punkt. Rechts oben male gelbe und grüne Flecken, die ineinander laufen und irgendwie ein bisschen wie Wolken aussehen. Rechts unten male einen großen dunkelblauen See. Das Ufer des Sees hat mehrere kleine Buchten. Drei rote Striche nebeneinander könnten der Bootssteg sein.
Nimm nun deinen schwarzen Wachsstift.
Male außerhalb des Sees zwei lange, dicke Striche, die an zwei Ruder erinnern. Zwei andere dicke Striche sehen aus wie zwei Wellen. Ganz links in der Ecke sind noch weitere schwarze, kurze Striche, die aufeinander liegen und sich kreuzen.
Rechts unten sieht man einen schwarzen Halbkreis mit einem großen, schwarzen Bogen.
Male noch weitere grüne und gelbe, große Flächen auf. Rechts unten sieht man eine hellrote Figur stehen, wie eine Figur aus einem „Mensch-ärgere-dich-nicht-Spiel". (Das Bilddiktat wurde in Anlehnung an das Bild „Improvisation 26" diktiert, das jedoch durch weitere Elemente Kandinskys erweitert wurde.) *Von links nach rechts male durch das ganze Bild zwei gerade, lange, schwarze Striche.*

Schülerarbeit „Blauer Reiter"

Schülerarbeit „Blauer Reiter"

Heften Sie anschließend die Schülerarbeiten (Kreppklebeband) rechts und links neben das Tafelbild. Lassen Sie den Schülern Zeit, sich in Ruhe ihre Arbeiten „für“ Wassily Kandinsky anzuschauen.
Eine Bewertung der Bilder sollte nur in dem Sinne erfolgen, ob die Kinderarbeiten Kandinskys Bilder ähneln und „in seiner Ausstellung die Bilder ersetzen können, die seine Freundin Gabriele durch ihr Missgeschick beschädigt hatte“. Dass kein realer Vergleich zwischen Kandinskys Werken und dem Maltalent der Schüler stattfindet, versteht sich von selbst.
Weiterführende Unterrichtsmöglichkeiten:

- Schüler gründen ihre eigene Malgruppe und finden für diese einen neuen Namen.
- Organisation einer Ausstellung *Blauer Reiter* mit den Schülerarbeiten zu Kandinsky und von den Kindern zusammengestellten Informationen und Material zum Blauen Reiter. Die Ausstellung kann von anderen Klassen der Schule besucht werden.

Literatur:
Düchting, Hajo: Wassily Kandinsky. Köln 1990.
Elger, Dietmar: Expressionismus. Eine deutsche Kunstrevolution. Köln 1991.
Kutschbach, Doris: Der Blaue Reiter im Lenbachhaus München. München 1996.

Kandinsky, Wassily: Improvisation 26 (Ruder), 1912

Name:	Datum:	Kunst	

Der Blaue Reiter eroberte die neue Kunst im Galopp.

Wassily Kandinsky (1866–1944)

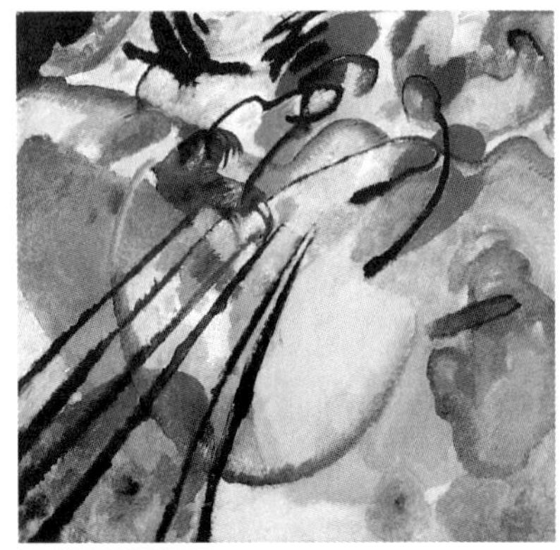

Improvisation 26 (Ruder), 1912

Franz Marc (1880–1916)

Franz Marc, um 1912

Tiger, 1912

August Macke (1887–1914)

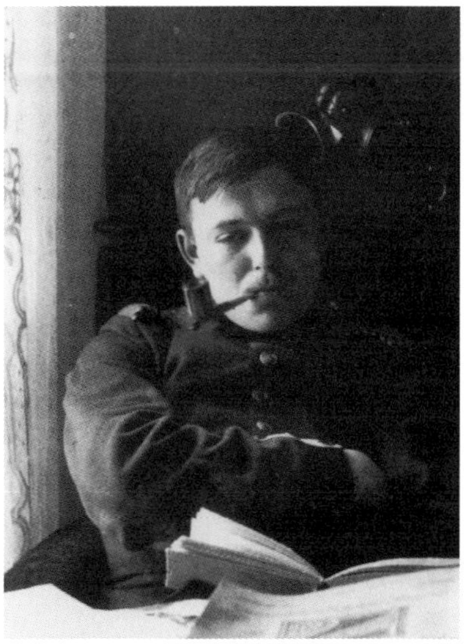

August Macke, 1908

Zoologischer Garten I, 1912

Paul Klee (1879–1940)

Paul Klee, um 1922

Rosengarten, 1920

Dies sind nur einige Künstler der Künstlergruppe „Der Blaue Reiter“. Auch Gabriele Münter, Alexander Jawlensky und viele andere Künstler gehörten dazu.

Hutladen, 1913

Garten am Bach, 1927

Mit Sonne, 1911

Die gelbe Kuh, 1911

Ausschneidebogen „Der Blaue Reiter“

Hutladen, 1913

Garten am Bach, 1927

Mit Sonne, 1911

Die gelbe Kuh, 1911

Ausschneidebogen „Der Blaue Reiter“

Pablo Picasso

Warst du schon einmal auf einer Auktion?

1. Zur Sachanalyse

Bilderoriginale – berühmter oder weniger berühmter Maler – kann man auf Auktionen oder in Galerien kaufen. Die Preise für ein Original eines Künstlers schwanken dabei erheblich – je nach Interesse der Käufer und natürlich auch nach dem Bekanntheitsgrad des Werkes einschließlich seines Malers. Die Welt des Kunsthandels kann für den, der sich für die Malerei interessiert, dabei beinahe so aufregend sein wie für andere die Formel 1.
Hintergrundinformationen zu den beiden größten Auktionshäusern der Welt, Sotheby & Co. und Christie's, sollen Ihnen helfen, diese „Auktionsstunde" zum Kennenlernen eines Picassogemäldes zu halten. Anstelle des Picassos können Sie natürlich auch jeden anderen Maler und seine Werke für diese Stunde heranziehen. Mancher lokale Heimatkünstler, dessen Werke vielleicht nur regional bekannt sind, aber dennoch in der Grundschule seines Heimatortes thematisiert werden sollen, lässt sich mit Hilfe einer solche „Auktionsstunde" den Schülern nahebringen.
Das weltberühmte Auktionshaus Christie's wurde 1766 von James Christie in London eröffnet. In der Geschichte des über 230 Jahre bestehenden Auktionshauses tauchen nahezu alle berühmten Maler, Bildhauer, Künstler und Sammler auf. Heute bietet Christie's Auktionen in über 80 verschiedenen Sparten an, zu denen auch Sammlungen von Briefmarken, Wein, Autos und vieles mehr gehört. In 15 Hauptstädten weltweit hat Christie's mittlerweile Auktionshäuser eröffnet. Den Auktionsrekord hält zur Zeit Christie's mit der 1990 gehaltenen Versteigerung des Porträts des *Dr. Gachet* von Vincent van Gogh: Für dieses Bild wurden sage und schreibe 82,5 Millionen Dollar erzielt! Das ist der bisher höchste Preis, der jemals für ein Bild gezahlt wurde. Eine weitere Rekordsumme wurde ebenfalls bei Christie's erzielt: Die höchste Summe, die je ein Alleineigentümer eines Bildes auf einer Auktion bekam, war 48 Millionen Dollar für Pablo Picassos *Der Traum* (s. S. 25).
Bereits 1744 gründete ein Herr namens Samuel Baker das später in Sotheby & Co. umbenannte Auktionshaus in London. Sotheby & Co. versteigerte unter anderem so berühmte Dinge wie den Nachlass des auf St. Helena verstorbenen Napoleons, 1958 die Sammlung Jakob Goldschmidts, dessen sieben bekannteste impressionistische und moderne Gemälde innerhalb von nur 21 Minuten verkauft wurden, und 1987 die Juwelen der Duchess von Windsor. Heute macht das Auktionshaus einen weltweiten Jahresumsatz von 2 Milliarden Dollar. Sotheby & Co. bietet seit Januar 2000 sogar Versteigerungen im Internet an.
Der Ablauf einer Auktion hat sich bis heute nicht verändert: Der Auktionator signalisiert mit dem dritten Schlag seines kleinen Hammers, dass der endgültige Kaufpreis eines Bildes soeben erreicht wurde, da niemand höher bietet. Bis zum dritten Schlag seines Hammers können alle Anwesenden durch Handzeichen dem Auktionator anzeigen, dass sie einen höheren Betrag als den zuvor genannten für das Kunstobjekt bereit sind zu zahlen. Heutzutage können auch Käufer per Telefon, Fax oder E-Mail an Auktionen teilnehmen, ohne persönlich anwesend sein zu müssen. Auktionsteilnehmer kleiden sich zu diesem Anlass angemessen schick, der Umgangston ist sehr höflich und gepflegt, ebenso wie das Ambiente.

2. Zur didaktischen Analyse

Kunst hat nicht nur etwas mit zeichnerischem Können, Ästhetik und Freude am Handwerk zu tun, sondern auch mit Kommerz. Mancher Maler strebt nach Erfolg und Ansehen, sucht nach dem „noch nie dagewesenen Kunststil" und hofft auf gute Preise für seine Bilder. Wie Bilder auf Auktionen versteigert werden, erfahren die Schüler in dieser Stunde. Dass sie sich dabei mit den zu versteigernden Bildern intensiv beschäftigen sollen, macht diese Unterrichtsstunde als Grundlage für andere Maler und Bilder wertvoll.

3. Verlaufsplanung

(ab der 2. Jahrgangsstufe)

Diese Unterrichtsstunde beginnen Sie mit einer Auktion. Sie sind der Auktionator. Das Objekt, das Sie zu versteigern haben, wählen Sie bitte sehr sorgfältig aus: Sind beispielsweise gerade bestimmte Tauschbildchen (vielleicht die einer Fernsehserie o. Ä.) in ihrer Schulklasse aktuell, dann besorgen Sie sich ein solches Bildchen als Ihr Versteigerungsobjekt. Genauso könnten Sie auch ein neues Schulheft, ein kleines Notizbuch, hübsch gestaltete Pinsel, kleine Kalender usw.

Picasso, Pablo: Paul als Harlekin, 1924

Picasso, Pablo: Bildnis Dora Maar, 1937

Picasso, Pablo: Das Atelier „La Californie“ in Cannes, 1956

Picasso, Pablo: Die Brieflektüre, 1921

Henri Matisse

Bilder mit der Schere malen

1. Sachanalyse

Henri Emile Benoît Matisse wurde am 31. Dezember 1869 in Cateau-Cambrésis/Frankreich geboren. Seine Eltern waren Inhaber eines Farbengeschäftes. Zunächst studierte Matisse in Paris Jura. Erst im Alter von 22 Jahren beschloss er, ein Kunststudium in Paris zu beginnen.

1892 entdeckte der berühmte Maler und Kunstlehrer Gustave Moreau die Begabung des jungen Henri Matisse und förderte ihn fortan. Die verschiedensten Kunstrichtungen des ausgehenden 19. und des beginnenden 20. Jahrhunderts erprobte und verwarf er wieder, bis er zu seinem eigenen, unverwechselbaren Malstil fand. Die intensive Farbigkeit und die typisch abstrakten Figuren sind zu Merkmalen seiner Bilder geworden. Anfang des 20. Jahrhunderts gelangen Matisse erste Ausstellungserfolge. Er verbrachte zunehmend Zeit an der Côte d'Azur – in St. Tropez und Collioure entstanden zahlreiche Bilder im fauvistischen und pointilistischen Stil mit Hafen- und Strandmotiven. Die Fauvisten konzentrierten sich in ihrer Malerei auf die Ausdruckskraft der Farben, Schatten und Perspektiven wurden unwichtig. Der Pointilismus beschäftigte sich mit der Idee, dass sich die einzelnen Punkte eines Bildes im Auge des Betrachters vermischen und so die verwendeten Farben intensiver wirken. Zeitgleich entwickelte sich in Deutschland der Expressionismus mit seinen Vertretern Emil Nolde, Ernst-Ludwig Kirchner, Max Pechstein und anderen, die dem Fauvismus ähnlich den Schwerpunkt ihrer Malerei auf die reine Farbigkeit verlegten, mit der sie Emotionen zum Ausdruck bringen wollten. Auch hier trat die Form in den Hintergrund.

1906 begegnete Matisse erstmalig Pablo Picasso (Jahrgang 1881), dessen Freundschaft ihn ein Leben lang begleiten sollte. Die künstlerische Verbindung zeigte sich in vielen ähnlichen Motiven. Im gleichen Jahr unternahm Henri Matisse seine erste Afrikareise, die ihn zu neuen Motiven und neuen Farbgebungen inspirierte.

1915 zog Matisse endgültig aus Paris fort, zunächst nach Issy-les-Moulineaux. Der Kubismus, die Umsetzung der Geometrie in der Kunst, ist die Kunstrichtung, mit der sich nun auch Matisse auseinander setzte.

1917 besuchte er das erste Mal Nizza, das wenige Jahre später seine zweite Heimat werden sollte. Frauenkörper, Porträts und Strandmotive blieben die zentralen Themen seiner Werke.

Als Henri Matisse Anfang der vierziger Jahre zu seinen ersten Buchillustrationen aufgefordert wurde, begann die letzte Phase seines künstlerischen Schaffens, in der eben jene Scherenschnitte entstanden, die wir heute mit dem Namen Matisse verbinden. Die so genannten papiers découpés ermöglichten ihm eine kreative, künstlerische Tätigkeit, als er Jahre später körperlich nicht mehr in der Lage war, große Bilder mit dem Pinsel zu malen oder Skulpturen zu modellieren. Im Rollstuhl sitzend war das Schneiden eine geeignete Alternative zum Zeichnen und Malen. Am 3. November 1954 starb Henri Matisse im Alter von 84 Jahren in Nizza.

2. Didaktische Analyse

Das Anfertigen von Collagen ist eine von vielen Möglichkeiten, Bilder zu gestalten. Matisse fertigte im Unterschied zu den Kubisten seine Collagen nicht aus zusammengesuchten, fertigen Stücken (Zeitungsausschnitte, Eintrittskarten usw.) an, sondern schnitt sich aus farbigem Papier die Formen aus, die er später kreativ angeordnet aufklebte. Interessant für Schüler ist die Tatsache, dass der Künstler diese Technik nutzte, um im Rollstuhl sitzend überhaupt noch „malen" zu können!

In diesen Scherencollagen seines Spätwerkes tauchen sehr einfache Formen immer wieder auf: Blumen, Blätter, „Algenformen", Vögel und menschliche Körper. Die meist abgerundeten, einfachen Formen kommen dem kindlichen Gestaltungsvermögen sehr entgegen. Die Erkenntnis, auch mit einfachen Formen ein Kunstwerk schaffen zu können, macht auf Grundschüler in der Regel großen Eindruck.

Ebenso sind die Matisse-Farben seiner papiers découpés immer wieder dieselben: Blau, Weiß, Gelb, Schwarz, Rosa, Rot, Grün.

Matisses Farben und Formen sowie seine Collagetechnik sind für Kinder gut nachzuvollziehen, zu imitieren oder als kreative Anregung zu nutzen.

Die Schüler lernen in dieser Unterrichtsstunde die Collagetechnik des Künstlers Matisse kennen und werden angeregt, diese auf ihre eigene, kreative Art neu umzusetzen.

Henri Matisse verwendete seine Formen unter anderem als Gestaltungsmuster für Kirchenfenster oder auch als Tapeten. Die Matisse-Formen bieten sich für uns beispielsweise an, als Stempeldruck für Geschenkpapier, Grußkarten, Passepartouts etc. angewendet zu werden. Wie bei allen Künstlern sind auch hier der Fantasie und Kreativität der Kinder und Lehrkräfte keine Grenzen gesetzt!

3. Verlaufsplanung

(ab 3. Jahrgangsstufe)

3.1 Verlaufsplanung „Henri Matisse und seine Scherenformen"

Kunstbetrachtung: Henri Matisse und seine Scherenformen

Technik: Stempeldruck

Material:
- Foto „Henri Matisse beim Malen in seinem Atelier" (s. S. 31)
- Foto „Henri Matisse schneidet Formen aus" (s. S. 32)
- Foto „Henri Matisse lässt die Formen anbringen" (s. S. 31)
- für jedes Kind zwei (Schul-)Bücher
- Fotokarton für die Stempelvorlagen
- Schere
- Klebstoff
- Verpackungspapier, wie es in Porzellanläden und Möbelhäusern gebraucht wird
- Dispersionsfarben (Gelb, Blau, Rot, Orange, Grün, Weiß, Schwarz)
- Arbeitsblatt „Henri Matisse" (s. S. 34)

3.1.1 Einstieg

Die Schüler kommen in einem Sitzkreis zusammen. Jeder Schüler hat zwei Schulbücher dabei, die er unter seinen Stuhl legt.
Positionieren Sie den Overheadprojektor so, dass alle Schüler die Bilder, die während ihres Vortrages aufgelegt werden, sehen können.

Lehrererzählung
Es war einmal ein sehr alter Mann.
Sein Name war Henri. Henri Matisse.
Der alte Mann hatte sein Leben lang Bilder gemalt: große Bilder, bunte Bilder. Das Bild „Henri Matisse beim Malen in seinem Atelier" (s. S. 31) wird gezeigt.
Henri war im Laufe der vielen Jahre ein recht berühmter Maler geworden. Er hatte sich ein schönes Haus am Meer gekauft, Reisen unternommen und viel Geld verdient. Nun war Henri alt und konnte kaum noch laufen. Die meiste Zeit musste er im Bett liegen oder im Rollstuhl sitzen. Oft sah er traurig auf das Meer hinaus. Den Pinsel konnte er schon lange nicht mehr hochhalten, weil er seine Arme nicht mehr so gut bewegen konnte. Nehmt einmal eure beiden Bücher und klemmt sie euch unter die Arme. Ohne dass die Bücher herunterfallen, kann man die Arme nicht mehr so gut bewegen. So ungefähr konnte Henri die Arme noch bewegen, aber nicht mehr.
Herumlaufen, Farben mischen, Pinsel auswaschen … alle diese Tätigkeiten konnte er auch nicht mehr so leicht erledigen.
Eines Tages schnitt er mit der Schere einen Zeitungsartikel mit einem Bericht über seine berühmtesten Bilder aus. Wie er so schnitt, fiel sein Blick auf das Papier, das er sich vor Jahren gekauft hatte, weil es seine Lieblingsfarben waren.
Lehrer zeigt Tonpapier in Blau, Weiß, Rot, Grün, Gelb, Orange und Schwarz.
Da kam Henri eine Idee.

Schülervermutungen.
- Er nahm die Schere, ein buntes Blatt Papier und schnitt eine seiner Lieblingsformen aus.
- Es klappte prima. Da schnitt er gleich die nächste, die nächste, die nächste …
- Endlich konnte er wieder arbeiten, er hörte gar nicht mehr auf, seine Lieblingsformen zu schneiden …

Jetzt wird das Foto „Henri Matisse schneidet Formen aus" (s. S. 32) gezeigt.
An der Wand des Ateliers könnt ihr eine seiner Lieblingsformen erkennen!
Vielleicht habt ihr eine Idee, was diese Form darstellen könnte … (Denkt daran, Henri lebte am Meer.)
Schüleräußerungen
- Das könnte ein Baum sein …
- Das könnte eine Alge sein …
- Das könnte ein Blatt/Eichenblatt sein …

3.1.2 Objektivierung

Arbeitsphase 1
Die Schüler erhalten Fotokarton im DIN-A5-Format.
Zeichnet mit Bleistift auf den Fotokarton Henris Lieblingsform auf.
Schneidet an eurem Platz mit zwei Büchern unter dem Arm Henris Lieblingsform aus.
Henri hatte unglaublich viele Formen ausgeschnitten …
Was machte man nur mit so vielen gleichen Formen?
Die Schüler äußern sich dazu. Dann wird ihnen das Foto „Henri Matisse lässt die Formen anbringen" (s. S. 31) gezeigt.
Rasch erkennen die Kinder, dass mit den vielen gleichen Formen eine Tapete entstand …

Arbeitsphase 2
Vielleicht habt ihr einen Vorschlag, was man noch mit vielen gleichen Formen machen kann, außer einer Tapete …
… denkt einmal an das Fest, das wir demnächst feiern (Muttertag, Weihnachten usw.) …
- Geschenkpapier, Bucheinband …

Die Schüler bedrucken das Einpackpapier mit den ausgeschnittenen Formenstempeln.
Mit dem fertigen Matisse-Papier können die Schüler ihre Bücher einbinden oder Geschenke einpacken (Muttertag, Ostern, Geburtstag, Weihnachten), eine Wand des Klassenzimmers gestalten oder …

Schülerarbeit „Henri Matisse und seine Scherenformen“

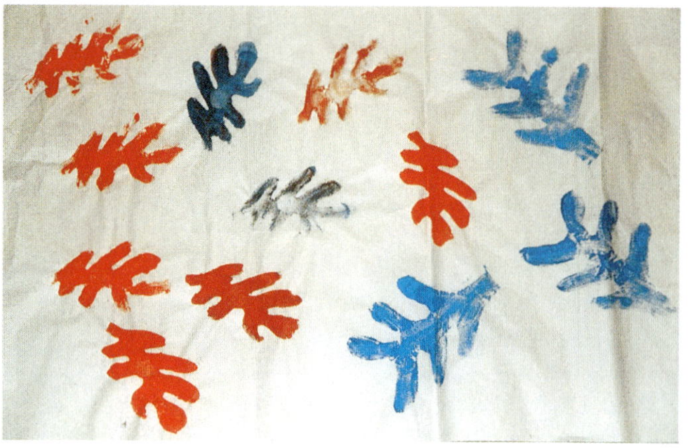

Schülerarbeit „Henri Matisse und seine Scherenformen“

Mit dem Arbeitsblatt (s. S. 34) sollen die Schüler noch weitere Formen Henri Matisses kennen lernen. Selbstverständlich können Sie auch das Arbeitsblatt an Kinder austeilen, die besonders rasch ihr Geschenkpapier bedruckt haben.

3.2 Verlaufsplanung „Der alte Mann und das Meer“

Kunstbetrachtung: Henri Matisse „Polynesien. Das Meer“, 1946 (s. S. 33)

Technik: Papierschnitt-Collage

Material:
- „Unterwassergeschichte“ (vgl. S. 30)
- „Polynesien. Das Meer“ als Folie
- eventuell Wassergeräusche
- Tonpapier in verschiedenen Farben (für Formen und als Klebegrund)
- Schere
- Klebe

Für alle, die das Thema „Henri Matisse“ vertiefen wollen, ist die folgende Unterrichtseinheit gedacht.
Henri Matisse hat seine Formen nicht nur zur Gestaltung von Tapeten oder Kirchenfenstern verwendet – er hat mit seinen Formen auch Bilder gemalt. Viele dieser Collagen haben etwas mit dem Wasser und dem Meer zu tun, da er seit den zwanziger Jahren in Nizza lebte.

3.2.1 Einstieg

Wählen Sie für die Einstimmung auf das Meer eine der beliebten „Unterwassergeschichten“ aus, wie zum Beispiel: „Arielle, die kleine Meerjungfrau“ nach dem Disney-Film, „Swimmy“ von Leo Leonni, „Der Regenbogenfisch“ von Markus Pfister, „Die kleine Meerjungfrau“ nach Hans Christian Anders, „Große Fische, kleine Fische“ von Tina Rau, „Karetto und das Meer“ von Christine Rettl und Renate Maderbacher …
Erzählen Sie die Geschichte und zeigen dazu das Henri-Matisse-Bild „Das Meer“ als Farbfolie auf dem Overheadprojektor (s. S. 33). Zusätzlich können Sie als Hintergrundgeräusche Meeresrauschen einspielen.

3.2.2 Objektivierung

In der Besprechung der Geschichte in Verbindung mit Matisses Bild können die Schüler ihr Vorwissen zu dem Maler einbringen.
Ergänzende Impulse können hier sein:

- *Das Bild hat er natürlich nicht genau zu dieser Geschichte gemalt. Aber vielleicht kommst du selber darauf, was Matisse mit dem Meer zu tun hatte …*
  … er lebte am Meer, er liebte das Meer, Algen, Möwen, Fische etc.
- *Zeige und erkläre Dinge in Matisses Bild, die besonders gut zu unserer Geschichte passen …*
- *Wenn Henri Matisse unsere Geschichte auch gehört hätte … sicher hätte er sein Bild ein wenig anders gemalt …*
  Leider ist der große Maler schon gestorben und wir können ihn nicht mehr bitten, passend zu unserer Geschichte ein Bild zu schneiden/kleben.
- *Aber wir wissen, wie seine Bilder entstanden sind. Eine passende Collage zu unserer Geschichte können wir also auch selbst schneiden und kleben.*

Im Anschluss an Schüleräußerungen schneiden, reißen und kleben die Schüler eine Unterwassercollage – Gemeinschaftsarbeit oder Einzelarbeit.

Literatur:

Henri Matisse: Berühmte Maler auf einen Blick. Köln 1998.
Néret, Gilles: Henri Matisse. Cut-outs. Köln 1994.
Jacobus, John: Henri Matisse. Köln 1989.

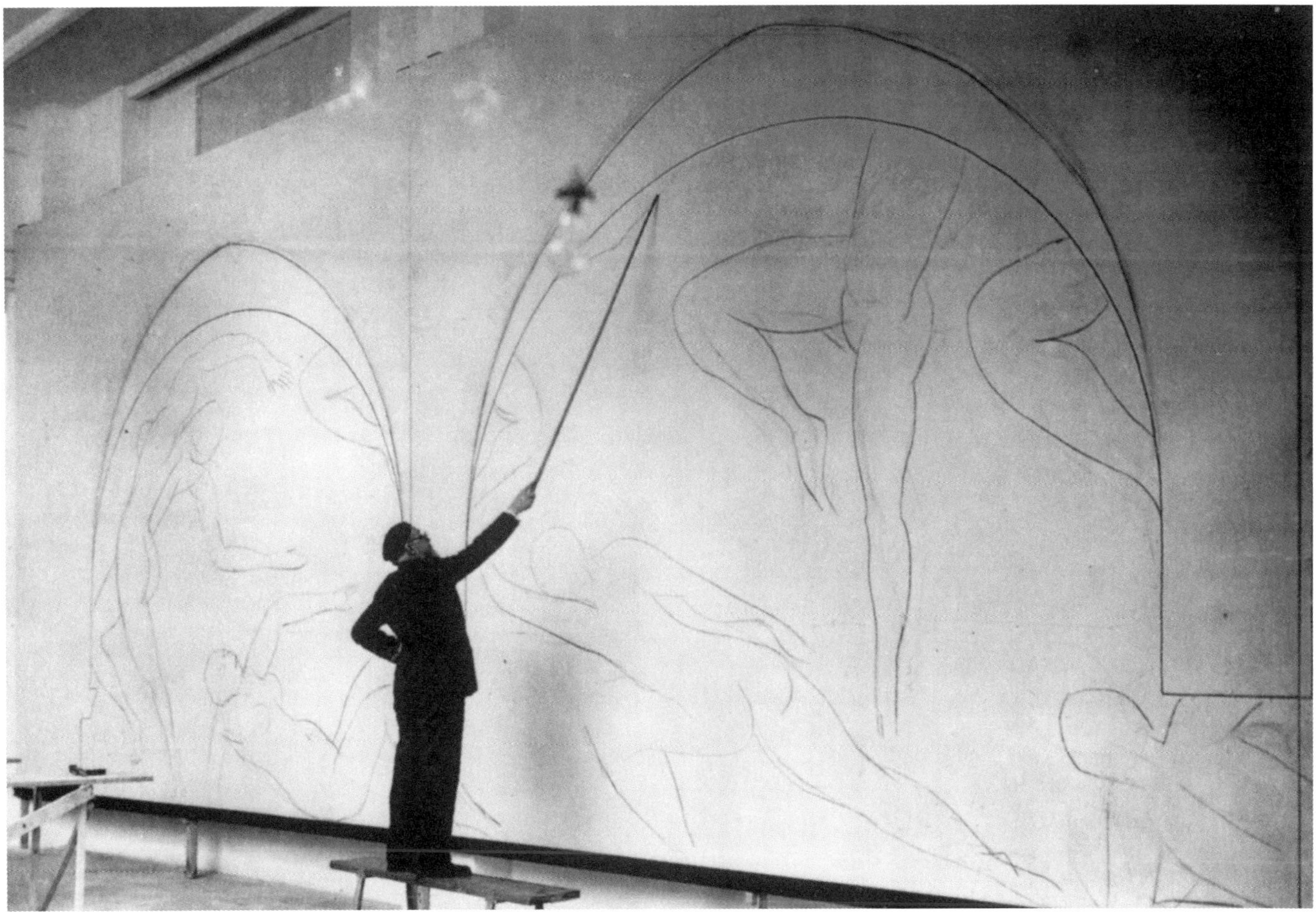

Henri Matisse beim Malen in seinem Atelier (Fotografie)

Henri Matisse lässt die Formen anbringen (Fotografie)

Henri Matisse schneidet Formen aus (Fotografie)

Matisse, Henri: Polynesien: Das Meer, 1946

Name:	Datum:	Kunst	

Henri Matisse

Auf diesem Foto siehst du den französischen Maler beim Ausschneiden seiner berühmten Formen.

Henri Matisse ist auf diesem Foto schon über 70 Jahre alt.

Er starb 1954 im Alter von 84 Jahren in Südfrankreich.

Male die Form, die Henri Matisse gerade ausschneidet, in einer seiner Lieblingsfarben aus.

Hier siehst du eine Ecke des Arbeitszimmers – des Ateliers – von Henri Matisse.

Einige seiner Zeichnungen hat er an die Wand gehängt. Sicher kannst du noch einige andere Formen erkennen …

Zeichne diese Formen in die Felder. Male die Formen in seinen Lieblingsfarben aus.

James Rizzi

Mein Haus als dreidimensionale Collage

1. Zur Sachanalyse

In den USA ist James Rizzi längst ein Star in der aktuellen Kunstszene. Der 1950 in Brooklyn, New York, geborene Maler ist sozusagen der „Erfinder“ seiner einzigartigen 3D-Bilder. Allesamt Szenen aus dem New Yorker Stadtleben. Seine Werke leben von der fröhlichen Farbigkeit und der Menge an dargestellten Details, die jeden Betrachter in ihren Bann ziehen. Wenn ein Gemälde für eine dreidimensionale Druckgrafik verwendet werden soll, lässt Rizzi von seinem fertig gestellten Bild zwei Siebdrucke anfertigen. Den einen Druck verwendet er als Hintergrund. Aus dem anderen Druck schneidet er mit einer Nagelschere einzelne Elemente aus, die er anschließend mit einem kleinen Schaumpolster wieder auf die ursprüngliche Stelle des Hintergrundbildes klebt. So entstehen seine dreidimensionalen Druckgrafiken, die man übrigens auf Wunsch des Malers zu tatsächlich erschwinglichen Festpreisen erwerben kann. Seine Idee war von Anfang an, Kunst für die Allgemeinheit zu machen, Kunst, die auch Leute mit einem mittleren Einkommen erwerben können.
Mittlerweile hat James Rizzi natürlich Mitarbeiter, die das mühsame Ausschneiden der kleinen Bildteile für ihn übernehmen. Aber das war – wie bei fast allen berühmten Künstlern – nicht immer so. Genau wie Keith Haring hatte auch Rizzi zunächst als Straßenmaler angefangen. Vom anfangs gewählten Fach Betriebswirtschaft wechselte er bald zum Fach Kunst und schloss sein Studium 1974 an der University of Florida ab. Ähnlich wie Haring designte auch er Plattencover und Wandgemälde, bis ihm mit seiner Idee der dreidimensionalen Druckgrafiken der Durchbruch gelang.
James Rizzi versteht seine Kunst als lustige, fröhliche Kunst, die den Zweck hat, möglichst viele Menschen zu erheitern. Ganz bewusst verkauft er seine Bilder auf T-Shirts, auf Krawatten und als Poster, damit man auch für den kleinsten Preis seine Kunst erwerben kann.
Anfang der neunziger Jahre begann James Rizzis Eroberung des europäischen Publikums:
1993 entwarf er den Boxermantel für den Boxchampion Henry Maske.
1994 und 1995 designte er für Rosenthal verschiedene Objekte in limitierter Auflage.
Im gleichen Jahr wurde er der offizielle Künstler des Olympischen Komitees der Olympiade in Atlanta.
1996 gestaltete er anlässlich der Feier zum vierzigjährigen Bestehen der Condor Airline die Außenfläche der Boing 757.
1997 folgte die künstlerische Gestaltung einer Kühlschranktür für die Firma Liebherr, eine von ihm entworfene Papeterieline für Baier & Schneider, der Plakatentwurf für das berühmte Jazz-Festival in Montreux, Schweiz, sowie sein Logo für die Aktion „Wir helfen Kindern“ von RTL und der UNESCO.
1999 schließlich entwarf Rizzi den neuen Einband des fünfzehnbändigen Brockhaus und bemalte drei Modelle des New Beetle im Auftrag der Volkswagen AG, Wolfsburg.

2. Zur didaktischen Analyse

„Bunt, frech, fröhlich, schlau – der Rizzi fürs Regal.“ So lautet der Werbeslogan für den von Rizzi designten neuen Brockhaus. Bunt, frech, fröhlich sollten Bilder

Rosenthal studio-line 1999

„Bunt, frech, fröhlich, schlau …"

sein, denn dann gefallen sie Kindern auf jeden Fall. Die bunten, fröhlichen Häuser, die Rizzi malt, stehen für die Freude der Menschen, an diesem Ort zu leben.
Mit seiner dreidimensionalen Technik gelang James Rizzi ein Novum in der Kunstszene, das ihm zu internationalem Ruhm, Erfolg und Berühmtheit verhalf. Diese Technik in Verbindung mit seinen lustigen Häuserbildern sollen die Schüler im Verlauf dieser Unterrichtsstunde nicht nur kennen lernen, sondern sie auch an ihren eigenen Bildern ausführen.

3. Verlaufsplanung

(alle Jahrgangsstufen)

Die zwei Unterrichtsstunden zu James Rizzi sind für die spezielle Sitzform in Gruppen konzipiert. Gruppentische mit jeweils vier Kindern sind optimal.

3.1 Verlaufsplanung „Kennenlernen einiger Bildelemente aus James Rizzis Werken"

Kunstbetrachtung: James Rizzi „Happy City Folk", 1994 (s. S. 39)

Technik: Malen

Material:
- „Happy City Folk" als Folie
- Zeichenpapier (DIN-A5-Format)
- Zeichenpapier (DIN-A4-Format)
- schwarzer Filzstift
- Schere und Klebe

3.1.1 Einstieg

Auf dem Overheadprojektor decken sie das James-Rizzi-Bild „Happy City Folk" (s. S. 39) so ab, dass die Schüler nur ein oder mehrere Gesichter der Häuser sehen können.
Mögliche Schüleräußerungen:
- Das sind Gesichter.
- Das sind fröhliche Gesichter.
- Das sind Hochhausmenschen, die glücklich sind.

Nun zeigen Sie den Schülern das gesamte Bild.
Lassen Sie den Kindern genügend Zeit, sich spontan zu dem Bild zu äußern.
Überlege in deiner Gruppe was die Häuser wohl sagen …
- … guckt herein und wohnt bei uns …
- … wir schützen euch vor Regen, Hagel, Blitz und Donner …
- … ihr könnt bei uns auf dem Balkon sitzen und die Sterne und den Mond beobachten …
- … wir sind gar nicht müde, denn hier ist heute Abend echt was los …

Vielleicht könnt ihr euch denken, warum diese Häuser so unglaublich fröhlich sind …
- Weil die Häuser gerne nebeneinander stehen und nicht alleine sein müssen …
- Weil die Häuser glücklich sind in ihrer Stadt …
- Weil so viele Sterne am Himmel sind.

3.1.2 Objektivierung

Du bekommst nun ein weißes Blatt (DIN-A5-Format). Mit deinem schwarzen Filzstift zeichnest du bitte dein eigenes Haus. Dein Haus, in dem du wohnst, hat natürlich auch ein Gesicht!
Anschließend schneidest du dein Haus bitte aus.
Natürlich wohnen wir nicht alle direkt nebeneinander. Macht nichts. Stell dir vor, dein Haus kann sich mit den Häusern der anderen Kinder an deinem Gruppentisch unterhalten …
Klebt nun in eurer Gruppe eure Häuser nebeneinander auf dieses Blatt auf (DIN-A4-Format). Bei Platzmangel klebt die Häuser ruhig oben und unten auf das Blatt, aber nicht *übereinander!*
Als Vorbereitung für die folgende Unterrichtsstunde kopieren Sie nun bitte die Gruppenbilder für jedes Kind zweimal!

3.2 Verlaufsplanung „3D-Collage"

Kunstbetrachtung: James Rizzi „Happy City Folk", 1994 (s. S. 39)

Technik: 3D-Papiercollage

Material:
- „Happy City Folk" als Folie
- Kopien der Schülerarbeiten aus der ersten Stunde (vgl. 3.1)
- Schere und Klebe
- dünner Schaumstoff
- Arbeitsblatt „James Rizzi" (s. S. 41)

3.2.1 Einstieg

Zeigen Sie den Schülern per Overheadprojektor eines der Häuser aus dem James-Rizzi-Bild „Happy City Folk“ (s. S. 39).

- Oh Happy Moon, 1993
- **Happy City Folk, 1994**
- Buildings in the Big Apple, 1995
- Sundays in my City, 1995
- My Town, 1995
- Hot Dog Man, 1996

Hört zu, was das Haus zu erzählen hat:
Hey, Leute, mir geht's wirklich prima heute, mir geht's eigentlich immer gut, denn ich lebe in einer tollen Stadt, die ist zwar sehr groß, aber auch aufregend, interessant und echt schön. Meine Stadt heißt New York. Einer der nettesten Menschen aus New York ist mein Bewohner. Wirklich supernett! Hey, da kommt er gerade! Hallo James, so heißt er, James Rizzi.
(Das Foto von James Rizzi wird kurz gezeigt, s. S. 38.)
Habt ihr ihn gesehen? Sieht auch noch nett aus. Also von dem muss ich euch was erzählen, der James hat einen echt coolen Job, er ist Maler. Ja, Maler. Ich glaube, er ist so um die 50 Jahre alt und lebt schon seit eh und je in New York. Er liebt diese Stadt genau wie ich. Und weil er New York so liebt, malt er auch eigentlich nur New York. Was ihr jetzt leider nicht sehen könnt, er malt die Bilder nicht nur!!! Er macht mit seinen Bildern etwas ganz Tolles!!! Ja, euer Lehrer weiß, was es ist. Ihr könnt das mit euren Häusern auch und es sieht super aus. Viel Spaß!!!

Schülerarbeit „3D-Collage“

Schülerarbeit „3D-Collage“

3.2.2 Arbeitsphase

Jeder von euch erhält nun das Häuserbild aus der letzten Stunde. Außerdem erhaltet ihr in eurer Gruppe noch eine Kopie der Häuser. Schneidet bitte nur euer eigenes Haus aus. Nun malt ihr euer Bild an. Das ausgeschnittene Haus malt ihr anschließend genauso (gleiche Farben!).
Klebt auf die Rückseite des ausgeschnittenen Hauses ein Stück vom Schaumstoff (erhältlich in Stoff- oder Bastelgeschäften, wird als Füllmaterial für Kissen verwendet und ist sehr preiswert).
Jeder klebt dann sein ausgeschnittenes Haus genau auf das passende Haus auf seinem Bild.
Bestimmt könnt ihr beschreiben, wie die Bilder aussehen …
Jetzt kennt ihr auch die besondere Technik von diesem James Rizzi aus New York … Beschreibt bitte noch einmal, was dieser Maler mit seinen Bildern macht … Vielleicht habt ihr eine Idee, warum er das macht …

Auf dem Arbeitsblatt (s. S. 41) erhalten die Schüler ein Foto des Malers und seiner Heimatstadt New York. Falls möglich, besorgen Sie für die Unterrichtsstunde einen New-York-Reiseführer, um den Schülern Bilder und Informationen zu dieser Stadt geben zu können.

Literatur:
Rizzi, James: New York. München 1996.
Skrentny, Werner: New York. DuMont-Reiseführer. Köln 1997.

James Rizzi, 1996 (Fotografie)

Rizzi, James: Happy City Folk, 1994
© VG Bild-Kunst, Bonn 2000

Brockhaus, 1999
© VG Bild-Kunst, Bonn 2000

New Beetle, 1999
© VG Bild-Kunst, Bonn 2000

Name:	Datum:	Kunst	

Das ist

James Rizzi.

Er ist ein sehr fröhlicher und lustiger Maler. Besonders gerne mag er seine Heimatstadt New York.
Deshalb malt er auch besonders gerne die Häuser und Menschen dieser Stadt.

Und das ist New York! Viele, viele Hochhäuser, viel grauer Beton! Hier kannst du James Rizzi helfen, die Hochhäuser seiner Lieblingsstadt bunt anzumalen! Vielleicht kannst du auch noch eine Sonne, Vögel, Wasser, Wolken … malen.

Alexander Calder

Kunst aus Drähten

1. Zur Sachanalyse

Kunst hat meistens etwas mit Können zu tun – und Alexander Calder konnte besonders geschickt mit Draht umgehen. Stets trug er eine Zange in der ausgebeulten Tasche seiner Hose und formte – wann immer er ein Stück Draht in die Hände bekam – lustige, ausgefallene Mobiles und Stabiles daraus. Dieses Können wurde dem amerikanischen Künstler 1898 bei seiner Geburt in die Wiege gelegt, denn sowohl sein Vater als auch sein Großvater waren anerkannte Bildhauer. Das berühmte Standbild von George Washington auf dem Washington Square in New York stammt von Alexander Calders Vater. Calder selbst studierte zunächst Maschinenbauwesen und arbeitete anschließend als Konstruktionszeichner, Buchhalter, Verkäufer und sogar als Rasenmähervertreter, bis er den Entschluss fasste, die künstlerische Tradition seiner Familie fortzusetzen. 1923 begann er sein Studium an einer New Yorker Kunstschule. Sein erstes Geld in diesem Bereich verdiente sich Calder 1924 als Pressezeichner. Bald setzte er seine zeichnerischen Ideen auch in Skulpturen und Drahtplastiken um. 1926 startete er zu seiner ersten Europareise, die ihn natürlich auch in die Hauptstadt der Kunst, nach Paris, führte. Themen, die ihn von Kindheit an fasziniert hatten, wie Tiere und der Zirkus, aber auch der Tanz der berühmten Josefine Baker, die damals in Paris gastierte, motivierten ihn zu immer neuen Drahtplastiken. Manche Drahtplastiken ließ er an dünnen Schnüren von der Decke hängen und entwickelte auf diese Weise allmählich seine später weltberühmten Mobiles. Künstler wie Joan Miró, Hans Arp, Piet Mondrian, Max Ernst und Pablo Picasso, die er größtenteils auch persönlich kannte, prägten seinen künstlerischen Weg. Seine ersten internationalen Erfolge feierte Calder in den dreißiger Jahren. Seine Mobiles aus Draht stellten damals eine kleine Revolution in der Geschichte der Plastiken dar. Zum ersten Mal hatte ein Künstler bewegliche Skulpturen geschaffen, die nicht fest auf dem Boden stehen mussten. Seine Leidenschaft für Draht setzte Alexander Calder außerdem in Schmuck um, den er allerdings nie in Serienproduktion gab, sondern stets nur Einzelstücke für Freunde und Verwandte anfertigte. 1952 vertrat Calder die USA auf der Biennale in Venedig, wo er in der Sparte Skulpturen den ersten Preis gewann. Auf der Weltausstellung in Brüssel 1958 war Calder mit einer 6 m hohen Skulptur vertreten. Für die Halle des John-F.-Kennedy-Flughafens in New York schuf er im gleichen Jahr ein riesiges Mobile und ebenso das berühmte Mobile für das Pariser Unesco-Gebäude. Auf der Documenta in Kassel zeigte Calder 1964 fünf Stabiles (im Gegensatz zu den Mobiles statische Plastiken). Im gleichen Jahr würdigte ihn das Guggenheim-Museum in New York mit einer 361 Werke umfassenden Retrospektive. Zwei seiner Stahlskulpturen kann man in Hannover vor dem Sprengel-Museum und in Berlin vor der Neuen Nationalgalerie bewundern. Alle Calderwerke sind geprägt von seiner Lebensfreude, seinem Humor und seinem Spaß an der Kunst – fröhliche Farben dominieren, die Mobiles wirken leicht und spielerisch. Alexander Calder starb 1976 in New York.

2. Zur didaktischen Analyse

Diese Unterrichtsstunde gehört in den Bereich materialbildende Kunst. Das Material Draht regt schon ohne Arbeitsanweisungen dazu an, es zu verbiegen oder vielleicht sogar eine Figur zu formen. Dass aus einem solchen Material Kunst entstehen kann, ist eines der Ziele dieser Stunde. Ähnlich wie Alexander Calder sollen die Schüler Spaß haben, einen Draht zu „irgendetwas" zu verformen. Dinge am Draht zu befestigen und so ein interessantes Mobile entstehen zu lassen, das sich im Luftzug bewegt. Der Begriff Mobile dürfte hierbei den meisten Schülern bekannt sein, da ein solches ja meist aus einem anderen Material in Kinderzimmern von der Decke hängt.

- Flammen und Mondgesicht, 1975
- Acht Polygone, 1976
- Fisch mit Menschenkopf, 1976

...

3. Verlaufsplanung

(3. und 4. Jahrgangsstufe)

Kunstbetrachtung: Alexander Calder und seine Mobiles und Stabiles

Technik: Plastik

Material:
- Foto „Alexander Calder mit Modellen seiner Mobiles und Stabiles“ (s. S. 44) als Folie
- für jeden Schüler ca. 3 m Draht (Durchmesser 0,8 mm)
- Schnur
- Paketklebeband
- Knöpfe, Korken, Kronkorken, Jogurtbecherdeckel u. Ä.
- Arbeitsblatt „Alexander Calder“ (s. S. 45)

Seine ersten Drahtmobiles befestigte Alexander Calder mit einem dünnen Faden an der Decke, bevor er später dazu überging, einen Metallsockel als fest stehende Basis seiner Mobiles zu verwenden.

Auch unsere Mobiles sollen an einem Faden hängen. Dazu haben wir den Faden mit Klebeband an unserem Tisch befestigt und das Mobile auf dem Boden sitzend zusammengebaut.

3.1 Einstieg

Die Schüler erhalten ein (ca. 30 cm langes) Stück dünnen Draht.

Lassen Sie das Material auf die Kinder wirken, lassen Sie sie damit spielerisch umgehen, es verbiegen und verformen. Geben Sie an dieser Stelle noch keinerlei Arbeitsanweisung.

Im Sitzkreis berichten die Schüler von ihrer Erfahrung mit dem Draht und zeigen ihre entstandenen Formen.

- Man kann den Draht immer wieder verändern.
- Man kann auch einen Ring oder ein Armband formen.
- Mein Draht sieht aus wie ein Dinosaurier …

Aus Draht kann man nicht nur Dinge formen und Schmuck herstellen. Es hat einmal einen sehr bekannten Künstler gegeben, der hatte immer eine Zange in seiner Hosentasche und stellte aus Draht weltberühmte Kunstwerke her …

Das Foto (s. S. 44) von Alexander Calder mit seinen verschiedenen Mobiles und dem Stabile im Hintergrund wird als Folie – wenn möglich Farbfolie – auf dem Overheadprojektor gezeigt.

Folgende Impulse sollen das Unterrichtsgespräch unterstützen:

Du kannst dir sicher denken, was passiert, wenn man eines der Fenster dieses Raumes öffnet und ein kleiner Luftzug hereinweht …

Manche Werke von diesem Mann hängen auch von der Decke und bewegen sich im Wind … so etwas hängt manchmal auch in Kinderzimmern und du weißt bestimmt, wie man so etwas nennt … Das Wort MOBILE wird an die Tafel geschrieben.

Der Mann auf dem Foto heißt Alexander Calder. *Er war Amerikaner und starb 1976. In Deutschland stehen seine Skulpturen zum Beispiel in Hannover und Berlin.*

3.2 Objektivierung

Die Schüler kleben eine Schnur mit Paketklebeband an ihrem Tisch fest. An dem herunterhängenden Stück Schnur befestigen die Schüler den von ihnen gestalteten Draht.

Nun können weitere Drahtteile verbogen werden und das Mobile ergänzen.

Mitgebrachte Dinge wie Knöpfe oder auch bunte Papiere oder Ähnliches werden an den Enden des Mobiles befestigt.

Weitere Möglichkeiten der Umsetzung:

- Muttertagsmobile, Weihnachtsmobile, Ostermobile usw.

Literatur:
Baal-Teshuva, Jacob: Calder. Köln 1998.

Schülerarbeiten „Mobile“

Alexander Calder mit Modellen seiner Mobiles und Stabiles in seinem Atelier in Saché/Frankreich, 1967 (Fotografie)

Name:	Datum:	Kunst	

Das ist

Alexander Calder.

Alexander Calder lebte von 1898 bis 1976. Schon sein Vater und auch sein Großvater waren Künstler. Calder formte aus Draht Ketten, Armbänder, riesige Mobiles, einen Zirkus, kleine und große Figuren und stellte außerdem aus Metall große Skulpturen her.

Hier siehst du zwei Zeichnungen seiner berühmtem Mobiles.

An den Enden der Drähte hängen bunte Plättchen. Male sie in deinen Lieblingsfarben an.

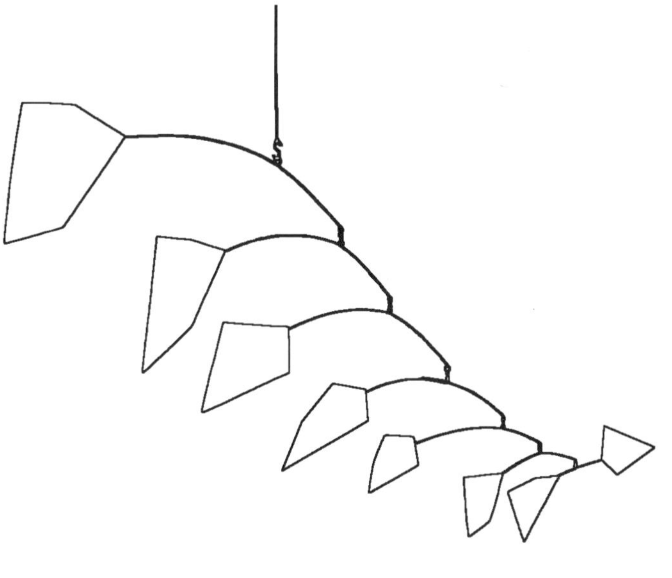

Jackson Pollock

Tropfen, Spritzen, Klecksen – hier ist alles erlaubt!

1. Zur Sachanalyse

Jackson Pollock, das so genannte Genie des amerikanischen Actionpainting, wurde 1912 in Cody, einem kleinen Ort im Bundesstaat Wyoming, geboren. Jackson, seine vier Brüder und seine Eltern lebten in ärmlichen Verhältnissen – sein Vater war meist arbeitslos oder hielt sich und seine Familie mit Hilfsarbeiterjobs einigermaßen über Wasser. Als Jackson acht Jahre alt war, verließ sein Vater die Familie. Cody liegt in einem Indianerreservat und so kam der junge Jackson schon in früher Kindheit mit den abstrakt und mystisch anmutenden Zeichnungen der indianischen Kultur in Kontakt. 1930 zog er nach New York, um Maler zu werden. Ein Zeichen seiner Ablehnung gegen das sterile, fantasielose Stadtleben ist seine häufige Kostümierung auf Fotos und natürlich auch nicht zuletzt seine Art zu malen. Pollock legte seine Leinwände auf den Fußboden und tropfte, kleckste oder schleuderte seine Farben auf diese. Mit dieser expressiven Maltechnik versuchte er, seine Depressionen und seine unkontrollierten Wutausbrüche zu bekämpfen. Mit eben dieser Kunst gelang ihm 1943 der künstlerische Durchbruch in den USA. Es entstanden gigantisch große Bilder – Drippaintings – mit einer ganz neuen Art von ungegenständlicher Kunst. Anfang der fünfziger Jahre wurden seine Bilder auf der Biennale in Venedig ausgestellt. Auch in Europa waren die Kunstsammler und Galeristen allesamt von Pollocks Actionpainting begeistert. Pollock hingegen war zu diesem Zeitpunkt bereits nicht mehr in der Lage, seine malerischen Depressionen und seinen Alkoholismus in den Griff zu bekommen. 1955 hörte er auf zu malen. 1956 raste er volltrunken im Alter von nur 44 Jahren mit seinem Auto gegen einen Baum. Eine Freundin, die mit im Wagen saß, starb ebenfalls, eine weitere wurde schwer verletzt. Bis heute sind die Gerüchte nicht verstummt, dass dieser Unfall möglicherweise ein Selbstmord gewesen sein könnte. Ende 1999 widmete das Metropolitan Museum of Art Jackson Pollock eine umfangreiche Sonderausstellung. In den riesigen Tropfbildern mit den unzähligen wirren, zuckenden Linien kann jeder mit Hilfe seiner Fantasie eine Bedeutung oder eine Darstellung suchen. Man kann natürlich auch im Sinne des Künstlers Sinn und Bedeutung in seinen Bildern als fehlend hinnehmen und – wie zum Beispiel der amerikanische Modemacher Alexander Mc Queen in seinen Kollektionen – sie als Muster akzeptieren. Die Pollock-Retrospektive in New York zeigte, dass sich dieser ungewöhnliche Künstler damals schon großer Beliebtheit erwies.

2. Zur didaktischen Analyse

Kunst ist schon lange nicht mehr nur der Versuch, die bloße Realität wiederzugeben, sondern ist Interpretation derselben im Ausdruck einer handwerklichen Fülle von Möglichkeiten im Umgang mit Pinsel und Farbe. Joseph Beuys demonstriert in den sechziger und siebziger Jahren eindringlich, dass es auch eine Kunst ohne Sinn und Bedeutung geben kann, die dennoch Freude beim Herstellen und Betrachten des fertigen Objektes bereitet.
Diese Art von Kunst sollen die Kinder in dieser Unterrichtsstunde in Anlehnung an Jackson Pollocks Actionpainting kennen lernen. Dabei spielt eine große Rolle, was ihr Pinsel alles kann: Außer drucken und zeichnen kann mit dem Pinsel die Farbe auch getropft werden. Das entstehende Bild muss nicht unbedingt etwas darstellen – es soll einfach Freude machen, mit Farbe herumzuexperimentieren, zu tropfen, klecksen und zu spritzen.

- Blue, Red, Yellow, 1948
- Untitled, 1949
- Autumn Rhythm, 1950

3. Verlaufsplanung

Kunstbetrachtung: Jackson Pollocks Actionpainting

Technik: Dripping

Material:
- „Trophopp“ als Folie (s. S. 49)
- Kittel bzw. alte Kleidung
- Wasserfarben (oder Dispersionsfarben)
- Pinsel
- Zeichenpapier (DIN-A3-Format)
- Arbeitsblatt „Jackson Pollock“ (s. S. 50)

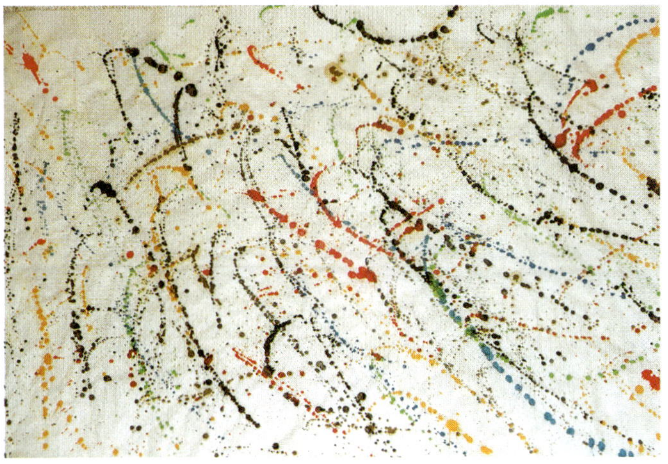

Schülerarbeit „Spritzen, klecksen ..."

Schülerarbeit „Spritzen, klecksen ..."

Idealerweise halten Sie diese Unterrichtsstunde während der wärmeren Jahreszeit, damit die Tropfbilder im Freien entstehen können. Achten Sie auf das Tragen von Malkitteln oder alten Kleidern, denn bei einer solchen Malstunde kann ein Farbspritzer schon mal daneben gehen.

3.1 Einstieg

Zeigen Sie per Overheadprojektor das Bild des Pinsels Trophopp (s. S. 49).

Hi, mein Name ist Trophopp. Nehmt mich mal heraus aus eurem Malkasten! Ihr wisst schon 'ne Menge über mich, stimmt's? Zum Beispiel, was ich alles kann ...

Die Kinder zählen Dinge auf, die sie mit dem Pinsel machen können:

- Bilder malen
- drucken
- tupfen
- ausmalen
- anmalen
- Hintergrund malen

So, jetzt sollt ihr mich heute mal so richtig kennen lernen. Ihr ahnt ja überhaupt nicht, was ich alles kann. Sonst muss ich immer tun, was ihr von mir verlangt. Heute soll das umgekehrt sein. Ihr macht das, was ich euch sage. O. K.? Ich bin mir ganz sicher, dass es euch viel Spaß machen wird.

Alles hört auf mein Kommando!

3.2 Objektivierung

Ähnlich wie bei einem Bilddiktat führt der Pinsel nun mit den Kindern ein Pinseldiktat durch.

Zeichenpapier, Farben und Wasser stehen bereit.

So, dann taucht mal in die schwarze Farbe ein und zwar so, dass ihr ganz viel Farbe und Wasser auf meinem Kopf habt. Tropft mich jetzt in die Mitte, dann nach links, dann nach rechts, dann nach oben und unten. Vielleicht müsst ihr mich sogar ein wenig schütteln, damit die schwarze Farbe schön auf das Papier tropft und spritzt. Nur Mut! Auf geht's! Wenn die Farbe nicht reicht, taucht mich ruhig noch mal in den Wasserkasten. Und bitte recht viel Wasser dazu.

So, und jetzt ab in die rote Farbe! Viel Farbe, viel Wasser. Haltet mich über den linken, unteren Rand des Bildes. Wenn ich anfange zu tropfen, lasst mich über das Bild quer nach rechts oben fliegen. Ich berühre heute das Papier überhaupt nicht! Ich möchte nur fliegen!

Jetzt tropfe und spritze bitte noch grüne, gelbe und blaue Farbe in unser Bild.

Und dann sind wir fertig. Ein schöner Flug über das Papier war das. Und die Wege, die kann man sogar noch erkennen.

Alternativen:

- Selbstverständlich können Sie auch mit den Schülern ein freies Klecksen, Spritzen und Tropfen durchführen.
- In einen alten Schuhkarton legen die Kinder ein weißes Blatt und lassen Farbe dick darauf tropfen. Anschließend lassen sie eine Murmel – Glaskugel – im Schuhkarton hin und her rollen.

Während die Bilder der Kinder trocknen, lernen die Kinder den Künstler Jackson Pollock kennen.

Der Pinsel Trophopp erscheint erneut als Folie auf dem Overheadprojektor.

Na, Kinder, wie hat es euch gefallen? Hat es euch Spaß gemacht?

Die Schüler teilen ihre Erfahrungen und Meinungen zu ihrem heutigen Gemälde mit.

Ich mache so etwas übrigens schon länger, eigentlich mache ich so Tropf- und Klecksbilder, seit mein ehemaliger Besitzer mir das beigebracht hat.

Ich habe mal einem Mann gehört, der lebte in Amerika und hieß Jackson Pollock. Und genau der hat solche Tropfbilder auf riesigen Leinwänden hergestellt, die er dazu immer auf den Fußboden legte. Er ist damit ziemlich berühmt geworden, obwohl er eigentlich nichts Bestimmtes gemalt hat, also keine Tiere, keine Menschen und keine Häuser. Als er nämlich mal ein großes Bild malen sollte für eine sehr reiche Amerikanerin, da ist ihm einfach nichts eingefallen. Also spritzte er Farben auf eine Leinwand und siehe da, die Leute waren begeistert.

Schülerarbeit „Jackson Pollock"

Schülerarbeit „Jackson Pollock"

Die Schüler erhalten das Arbeitsblatt „Jackson Pollock" (s. S. 50).
Anhand des Arbeitsblattes können Sie mit den Kindern nun Jackson Pollock und seine Werke besprechen.
Folgende Impulse sollen Ihnen dabei helfen:

- *Schaut euch seine Bilder an, könnt ihr etwas erkennen?*
- *Gefällt euch diese Art von Malerei?*
- *Vielleicht habt ihr eine Idee, warum Jackson Pollock mit diesen Bildern berühmt geworden ist?*
- *Überlegt, warum so vielen Leuten die Bilder Jackson Pollocks gefallen?*
- *Würdet ihr euch so ein Bild in euer Zimmer hängen?*

Sich eine Meinung über Kunstwerke zu bilden, gehört zu den wichtigen Aufgaben des Kunstunterrichtes. Da das Schönheitsempfinden jedes Einzelnen subjektiv ist, können die Kinder selbstverständlich nicht nur Gefallen, sondern auch ihr Missfallen zum Ausdruck bringen.

Literatur:

Jack the Dripper. Zeitschrift Stern, 12/99, Seite 171–182.
Legora, Christina und Ettore Maiotti: Nachtblau und Zitronengelb. München 1992.
Yenawine, Philip: Bilder und Linien. Hamburg 1993.

„Trophopp“

Name:	Datum:	Kunst	

Das ist **Jackson Pollock** vor einem seiner Tropfbilder.

Auf diesen Fotos kann man gut erkennen, wie Jackson Pollock seine Bilder getropft und gespritzt hat.
Er benutzte zum Klecksen und Tropfen alle möglichen Farben.

Das Bild rechts könnte von Pollock sein. Gib dem Bild Farbe. Du kannst deine Lieblingsfarben verwenden. Dazu kannst du Bunt- oder Filzstifte benutzen.

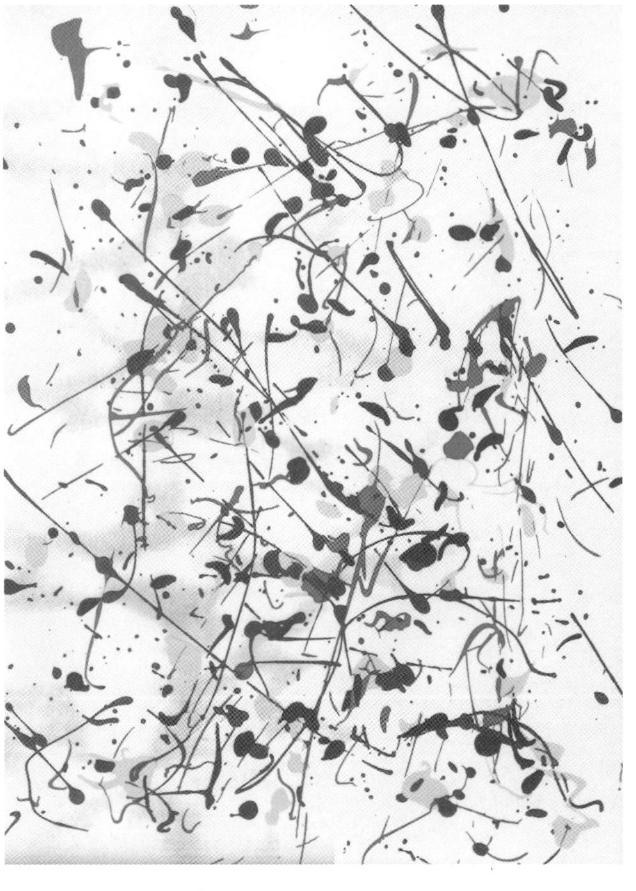

Marc Chagall

Wir drucken einen bunten Blumenstrauß

1. Zur Sachanalyse

Seine Bilder erzählen Geschichten, die von seiner russischen Heimat, deren Traditionen, Menschen und Landschaften handeln. Kaum ein anderer Maler des zwanzigsten Jahrhunderts hat seine Kindheitserinnerungen, seine religiösen Gedanken und seine Träume in Verbindung mit der sichtbaren Natur in so einzigartiger Weise auf die Leinwand gebracht, wie Marc Chagall. Wenn man von Chagalls Blau spricht, so weiß jeder, welcher Farbton damit gemeint ist. Seine Bilder sind unverwechselbar, ein jedes trägt den ihm ganz eigenen Malstil voller mystischer, folkloristischer Elemente und voller intensiver, leuchtender Farben.
Marc Chagall wurde 1887 in Witebsk, einer kleinen Stadt in Russland, geboren. Seine kindliche Lebenswelt, die in seinen Bildern immer wieder auftaucht, bestand aus einer frommen, jüdischen Familie mit neun Geschwistern, einem Dorf mit Synagoge, Kloster, vielen Bauernhöfen, Gärten und einem von den jüdischen Festen bestimmten Jahreskreis. Schon während der Schulzeit begann Chagall zu malen und entschied sich nach Ausflügen in die Musik und in die Dichtkunst letztlich für den Beruf des Malers. 1907 besuchte er in Petersburg eine Malschule. 1910 zog es den jungen Chagall in das Mekka der Malerei, nach Paris. Von Heimweh geplagt und unter den Einflüssen bekannter Maler wie Cézanne, Gaugin, van Gogh und Matisse entstanden Bilder wie *Russland, den Eseln und den Anderen,* 1911/12, oder *Ich und das Dorf,* 1911/12. Bilder, die seine Erinnerung an seine geliebte russische Heimat und ebenso seine Suche nach der eigenen Identität als Maler zeigen. Seine Bilder erinnern an den sich in Deutschland entwickelnden Expressionismus und so war es naheliegend, dass seine erste Einzelausstellung 1914 in Berlin stattfand. Wie die Gruppe des *Blauen Reiters* spiegeln auch Chagalls Werke den Versuch wider, eine innere Empfindung durch Farben und Formen zum Ausdruck zu bringen. Nach dieser Ausstellung kehrte er zunächst ins heimatliche Witebsk zurück, heiratete 1915 seine Jugendliebe Bella und entwickelte seinen Malstil weiter, bis er 1922 erneut nach Paris reiste. Fortan faszinierte ihn auch die französische Landschaft, er illustrierte Bücher wie zum Beispiel die *Fabeln La Fontaines*, einige seiner später so berühmten Zirkusbilder entstanden – Marc Chagall wurde zu einem bekannten Maler. Bei Kriegsausbruch zog Chagall zunächst in die Provence, später weiter nach Marseille und Lissabon, bis seine Flucht schließlich 1941 in New York endete. Einen neuen Wohnsitz, an dem er sich wohlfühlte, fand er kurze Zeit nach seiner Ankunft in den Vereinigten Staaten in Conneticut. 1944 starb seine Frau. Über viele Monate war Chagall nicht in der Lage, wieder einen Pinsel in die Hand zu nehmen. Erst 1945 begann er an seinem berühmten Bild *Der Engelssturz* weiterzuarbeiten. Ein Bild, das er bereits 1923 begonnen hatte und erst 1947 fertig stellte. Im August 1948 ging Chagall endgültig nach Paris zurück. 1952 heiratete er ein zweites Mal. In den folgenden Jahren entstanden Kunstwerke, die weltweit einen hohen Bekanntheitsgrad haben: seine berühmten Fenster in der Kathedrale in Reims und im Frauenmünster in Zürich sowie in Mainz, seine Keramiken (Teller, Platten und Vasen mit Motiven aus der Zirkuswelt, der Bibel, mit Fabeltieren oder Liebespaaren) sowie Wandmosaike und großflächige Gemälde. Marc Chagall starb 1985 in Saint-Paul-de Vence, Frankreich.

2. Zur didaktischen Analyse

Marc Chagalls Bilder bieten eine Fülle von Ansätzen sie mit Kindern zu betrachten, zu besprechen und auch kreativ umzusetzen. Oft wird der erzählerische Aspekt seiner Werke (hierin besteht Chagalls „Verwandtschaft" zu Paul Klee) in den Vordergrund gestellt, um zu den einzelnen Bildern Geschichten zu erfinden. Allerdings ist der eigentliche biografische Hintergrund eines Chagall-Bildes in der Regel von Grundschülern nur schwer nachzuempfinden. Trotz unseres Medienzeitalters weiß ein Kind von der jüdischen Vergangenheit, der russischen Umwelt des beginnenden zwanzigsten Jahrhunderts und den religiösen Traditionen wohl eher wenig. Dennoch ist Chagall mit der Farbigkeit und Erzählkraft seiner Malerei in der Kunstszene des vergangenen Jahrhunderts einzigartig und soll hier mit einem für ihn und seine Bilder ganz typischen Merkmal bekannt gemacht werden: Auf sehr vielen seiner Bilder tauchen Blumensträuße als Symbol für Liebe, Freude, Zuneigung, Dankbarkeit und Schönheit auf. Die Blumensträuße ähneln sich, erinnern an den impressionistischen Malstil und geben Kindern dadurch die Möglichkeit, auch ein ihnen nicht bekanntes Bild als einen „Chagall" wiederzuerkennen. Mit Hilfe verschiedener Maltechniken soll hier versucht werden, solche Blumensträuße selbst zu gestalten.

- Früchte und Blumen, 1929
- **Fruchtkorb und Blumenstrauß, 1949**
- Die roten Blumen, 1950

3. Verlaufsplanung

Kunstbetrachtung: Marc Chagall „Fruchtkorb und Blumenstrauß“, 1949 (s. S. 54)

Technik: Finger-, Pinsel- und Schwammdruck

Material:
- Blumenstrauß
- Foto von Marc Chagall als Folie (s. S. 53)
- „Fruchtkorb und Blumenstrauß“ als Folie
- Zeichenpapier (DIN-A4-Format)
- Zeichenpapier (DIN-A3-Format), das bereits hell eingefärbt wurde
- Pinsel, Schwämmchen
- Wasserfarben
- flüssiger Klebstoff
- Arbeitsblatt „Marc Chagall“ (s. S. 55)

Den für diese Unterrichtsstunde benötigten Blumenstrauß können Sie entweder selbst mitbringen oder von den Kindern pflücken lassen. Die Unterrichtsstunde könnte dabei eine Querverbindung zu jahreszeitlich bedingten Themen oder auch zum Muttertag o. Ä. herstellen.

3.1 Einstieg

Den Blumenstrauß platzieren Sie bitte für alle Kinder gut sichtbar.
Was fällt dir ein, wenn du diesen Blumenstrauß siehst? …

- Mama hat Geburtstag, Muttertag, Hochzeitstag, Namenstag …
- Einen Blumenstrauß kann man verschenken.
- Der Blumenstrauß sieht schön aus, weil er so bunt ist.

Die Schülerantworten notieren Sie bitte an der Tafel.
Du kannst dir vielleicht schon denken, was wir heute malen wollen …
Manch einer von euch wird sich denken: „So einen Blumenstrauß malen, das ist kein Problem. Manch einer wird sich aber vielleicht auch denken: „Ach, das wird ganz schön schwierig.“
Auf jeden Fall habe ich euch für das Malen des Blumenstraußes ein paar Tipps von einem weltberühmten Maler mitgebracht.

3.2 Kennenlernen des Künstlers und seiner Werke

Overheadprojektor/Folie eines Fotos von Marc Chagall (s. S. 53).
Das ist Marc Chagall.
Marc Chagall ist fast hundert Jahre alt geworden. 1985 ist er gestorben. Er hat in seinem Leben unglaublich viele Blumensträuße gemalt.
Das waren natürlich andere Blumensträuße als unserer hier. Einen habe ich euch heute mitgebracht.
Das Bild „Fruchtkorb und Blumenstrauß“, 1949 (s. S. 54), wird gezeigt.

Schülerarbeiten „Marc Chagall“

Die Schüler sollen den Blumenstrauß betrachten und sich anschließend dazu äußern.
Vielleicht kannst du dir schon ein oder zwei seiner Tricks denken, die uns unser berühmter Maler Marc Chagall empfiehlt.

- Fingerdruck
- Pinseldruck
- Schwammdruck

Ihr könnt auf diesen kleinen Blättern (DIN A4) einmal ausprobieren, eine Blüte unseres Blumenstraußes zu drucken.
Mit diesem flüssigen Klebstoff kann man prima die Stängel (Blüten und Blätter) malen und anschließend nach dem Trocknen mit Wasserfarbe übermalen.
Auch diese Technik probieren die Schüler aus.

3.3 Objektivierung

Auf das am Vortag vorbereitete Blatt (farbiger Hintergrund, zum Beispiel hellgrün, hellblau, hellgelb) beginnen die Schüler, ihren Blumenstrauß mit den zuvor erarbeiteten „Tricks“ zu malen. Ob sie dabei alle Tricks anwenden, bleibt ihnen selbst überlassen.
Geben Sie durchaus während der Malphase Hilfestellung, falls Fragen und Probleme auftauchen.
Das Arbeitsblatt (s. S. 55) zu Chagall und eines seiner bekanntesten Werke *Der Geiger,* 1912/13 wird abschließend besprochen. Je nach Interesse und auch Altersstufe berichten Sie über die Biografie des Malers (vgl. S. 51).

Literatur:
Haftmann, Werner: Marc Chagall. Köln 1988.

Marc Chagall, 1965 (Fotografie)

Chagall, Marc: Fruchtkorb und Blumenstrauß, 1949
© VG Bild-Kunst, Bonn 2000

Name:	Datum:	Kunst	

Das ist

Marc Chagall.

Chagall malte am liebsten Märchen und Geschichten von dem kleinen Dorf in Russland, in dem er aufgewachsen war. Das Dorf hat einen schwierigen Namen: WITEBSK.
Marc Chagall wurde Maler und zog nach Frankreich und Amerika.
Marc Chagall wurde fast 100 Jahre alt und hat sein ganzes Leben lang nie aufgehört, an sein Dorf zu denken und seine Erinnerungen zu malen.

Das ist ein sehr berühmtes Bild von Marc Chagall. Natürlich erkennst du sofort, was er da gemalt hat! Male das Bild farbig an.

Claude Monet

Wir drucken mit den Fingern und den Pinseln

1. Zur Sachanalyse

Claude Monet wurde am 14. November 1840 in Paris geboren. Im Alter von fünf Jahren zog er mit seinen Eltern nach Le Havre. Die Umgebung, in der er von nun an lebte, das Meer, der Hafen, die Fischer und ihre Boote, bildeten viele Motive seiner späteren Bilder. Bereits in der Schule verdiente sich Monet mit seinem zeichnerischen Können ein kleines Taschengeld, indem er Karikaturen seiner Mitschüler und Einwohner von Le Havre zeichnete und die Bilder verkaufte. Entscheidend für den Beginn seiner Malerkarriere war seine Bekanntschaft mit dem Künstler Eugène Boudin, ein damals sehr bekannter Landschaftsmaler. Boudin regte den jungen Monet an, sich mehr mit dem Beobachten und Malen der ihn umgebenden Landschaft zu beschäftigen. Das Malen außerhalb eines Ateliers war im ausgehenden 19. Jahrhundert unüblich und gerade deshalb galt Boudin als Außenseiter der Malerriege. Gegen den Willen seiner Eltern beschloss Claude Monet, Maler zu werden und zog 1860 nach Paris um. Die Umgebung der Stadt und die Pariser Gesellschaft bildeten von nun an die Motive seiner Bilder (*Der Froschteich*, 1869, *Frühstück im Freien*, 1866). Im typischen Stil der Impressionisten verschwimmen die Pastellfarben seiner Landschaftsbilder ineinander, die kurzen Pinselstriche wirken wie flüchtig getupft, die Optik der Bilder erscheint wie durch einen Weichzeichner gesehen. Diese Maltechnik spiegelt einen Eindruck – eine Impression – des gemalten Momentes der dargestellten Szene oder der eingefangenen Tageszeit wider. Da eine Staffelei in freier Natur eine Seltenheit darstellte, ist genau dieser Umstand das Novum der Impressionisten. So ist auch zu erklären, dass der Begriff *Impressionist* zunächst als Spottname für die Maler, die diese Kunstrichtung vertraten, verwendet wurde. Mit seiner Freundin Camille Doncieux bekam er 1867 einen Sohn: Jean. Mit dem Verkauf seiner Bilder konnte Monet seine Familie meist nur mehr schlecht als recht ernähren. Der geringe Erfolg der impressionistischen Maler lässt sich dadurch erklären, dass sie in dieser Stilrichtung alltägliche Szenen malten, die nicht immer als „schön“ empfunden wurden, wie beispielsweise Dampflokomotiven, die in Bahnhöfe einfahren, oder Truthennen im Garten, simple Heuhaufen und Ähnliches. Mit Jean und ihrem zweiten Sohn Michel zogen Camille und Claude 1878 nach Vétheuil. Zu Monets finanziellen Sorgen kam nun noch die schwere Krankheit seiner Frau hinzu, die 1879 verstarb. Seine zweite Frau, Alice, die Witwe eines Freundes, heiratete er einige Jahre später. Nach den vielen Jahren in Sorge und Armut stellte sich in den achtziger Jahren des 19. Jahrhunderts für Monet endlich der Erfolg ein. Den eigentlichen Durchbruch verschafften ihm seine Bilder, die auf seinen zahlreichen Reisen nach Südfrankreich, Holland, Norwegen, London, Madrid, Venedig und der Bretagne entstanden. 1883 zog Monet mit Alice, den beiden Töchtern aus ihrer ersten Ehe und seinen beiden Söhnen nach Giverny in der Nähe von Paris. Im Garten der Monets befand sich ein Seerosenteich mit einer japanischen Holzbrücke, die als berühmte Motive signifikant für Monets Werke wurden. 1922 stellten Ärzte bei Claude Monet den „Grauen Star“ fest, eine Augenkrankheit, die zum langsamen Erblinden führt. Um sein Augenlicht zu retten, unterzog er sich erfolgreich mehreren Operationen. Im Alter von 86 Jahren starb Monet 1926 in seinem Haus in Giverny.

2. Zur didaktischen Analyse

Der Impressionismus (Impression – Sinneseindruck), als dessen bedeutender Vertreter Claude Monet – neben Manet, Pissarro, Degas, Renoir und Cézanne – gilt, ist die Stilrichtung, die als subjektive Freilichtmalerei in die Kunstgeschichte eingegangen ist. Typisch für Monets Arbeiten sind die Pastellfarben, die ineinander zu verschwimmen scheinen, und seine Motive, die seine Bilder so unverwechselbar machen: seine berühmten Seerosen aus dem Garten seines letzten Hauses in Giverny, die Heuhaufen, die Parkbilder aus der Umgebung von Paris sowie die Hafen- und Meerbilder, die nicht nur in Le Havre, sondern auch auf seinen zahlreichen Reisen entstanden. Der Impressionismus als erste Kunstrichtung der ausschließlichen, subjektiven Landschaftsmalerei soll in der folgenden Unterrichtseinheit den Schülern vorgestellt werden. Es ergibt sich aus der Definition des Kunststiles Monets, dass diese Malerei in der Landschaft entsteht. Der typische Pastelleffekt der verschwommenen Farben soll hier mit Fingerdruck, Schwämmchendruck und Pinseldruck erreicht werden.

3. Verlaufsplanung

(alle Jahrgangsstufen)

- Frühstück im Freien, 1866
- Der Froschteich, 1869
- **Seerosen, 1916–19**
- Die japanische Brücke, 1918/24

Wählen Sie für diese Unterrichtsstunde einen schönen, sonnigen Tag, der Ihnen die Möglichkeit gibt, die Schüler im Freien malen zu lassen.

Kunstbetrachtung: Claude Monet „Seerosen" (s. S. 59)

Technik: Finger-, Pinsel- und Schwammdruck

Material:
- Atelierbild als Folie (s. S. 58)
- „Seerosen" als Folie
- Zeichenpapier (DIN-A3-Format), das bereits hellgrün eingefärbt wurde
- Pinsel, Schwämmchen
- Wasserfarben
- Arbeitsblatt „Claude Monet" (s. S. 60)

3.1 Einstieg

Zu Beginn der Stunde wird das Bild eines Ateliers (s. S. 58) gezeigt.
Die Schüler äußern sich spontan:

- Das ist ein Atelier.
- Da malt ein Maler seine Bilder.
- Auf dem Bild ist noch nichts zu sehen.
- Der Maler überlegt, was er malen soll.
- Dem Maler fällt nichts ein.

Lehrererzählung:
Der Maler, den du hier siehst, heißt Claude Monet. Der Klang seines Namens verrät schon, dass er in Frankreich lebt. Du weißt bereits, dass Maler oft Aufträge bekommen, ein bestimmtes Bild zu malen, um sich so Geld zu verdienen.
Auch Claude Monet hat einen Auftrag erhalten.
Er soll einen Garten mit einer Blumenwiese und einem kleinen Teich malen.
Du siehst, dass seine Leinwand noch leer ist. Vielleicht hast du eine Idee, warum Monet noch keinen Garten gemalt hat …

- Er weiß nicht, welche Farben er am besten nehmen soll.
- Er weiß nicht, in welcher Jahreszeit er den Teich malen soll.
- Weil er keinen Garten in seiner Umgebung sieht.
- Weil es abends ist.
- Er weiß nicht, welchen Garten er malen soll.

Eventueller Hilfsimpuls:
Vielleicht hast du eine Idee, wo er hingehen könnte, damit das Malen dieses Gartens ihm leichter fallen könnte …
Die Schüler erhalten die Möglichkeit, sich dazu zu äußern.
Genau, er könnte in einen (in seinen) Garten gehen … er könnte nach draußen in die Natur gehen.

Lehrerinformation:
Claude Monet liebte die Landschaften, die Gärten, die Parks, das Meer und die Wälder. Deshalb malte er seine Bilder auch stets im Freien. Das war für die damalige Zeit ziemlich ungewöhnlich, weil man sonst immer in Ateliers malte.
Auf dem Overheadprojektor wird den Schülern das Bild „Seerosen" (s. S. 59) präsentiert.
Geben Sie den Kindern Zeit, das Bild in Ruhe zu betrachten und sich spontan dazu zu äußern.
Anschließend suchen die Schüler aus den Farbkarten die für Monet typischen Pastellfarben heraus.
Das Arbeitsblatt „Claude Monet" (s. S. 60) können Sie an dieser Stelle einsetzen oder selbstverständlich auch am Ende der Unterrichtseinheit.

3.2 Objektivierung

Der Lehrer öffnet die Klassenzimmertür.
Du kannst dir sicher schon denken, wo und was wir heute malen wollen …
Damit unser Bild auch so aussieht, wie Monets Landschaftsbilder, gibt es einen kleinen Trick …
Versucht einmal, die Wiese, die Blumen und die Bäume nur mit den Fingern zu tupfen und keinen Pinsel zu benutzen …
Falls die Schüler etwas unsicher sind, können sie das Drucken mit Fingern, Pinseln oder Schwämmchen zuvor auf Übungspapier ausprobieren.
Sicher gibt es auf dem Schulgelände eine Wiese, auf der sich die Kinder mit ihrem Zeichenblock, Wasserfarbkasten und Wasserbehälter niederlassen können. Der Umstand, ein Bild einmal im Freien zu malen, ist für viele Schüler ein Novum und außerordentlich motivierend.

Literatur:
Andre, Paul (Hrsg.): Claude Monet. Bournemouth, England 1996.
Koja, Stephan: Claude Monet: Der Farbzauber. München 1996.

Schülerarbeiten „Claude Monet"

Atelierbild

Monet, Claude: Seerosen (Detail), 1916–19

Name:	Datum:	Kunst	

Das ist

Claude Monet.

Er malt hier eines seiner Bilder im Freien und hat dazu seine Staffelei im Garten aufgestellt. Dieses Bild hat sein Freund Auguste Renoir, auch ein sehr berühmter Maler, 1873 von ihm gemalt. Färbe das Bild mit deinen Buntstiften in hellen Farben.

Hier siehst du eines der berühmtesten Bilder Claude Monets: die japanische Brücke über dem Seerosenteich seines Gartens in Giverny, in der Nähe von Paris. Diesen Garten hat Monet sehr oft gemalt, zu jeder Tageszeit, zu jeder Jahreszeit und bei fast jedem Wetter.

Nimm deine Buntstifte und färbe das Bild so, dass der Seerosenteich im Herbst zu sehen sein könnte.
Welche Farben wirst du brauchen?

Victor de Vasarély

Geometrische Muster in der Kunst

1. Zur Sachanalyse

Victor de Vasarély wurde am 9. April 1908 in Ungarn geboren. Nach einem abgebrochenen Medizinstudium in Budapest begann er 1927 dort seine künstlerische Ausbildung, die ihn zunächst zum Zeichner und Werbegrafiker qualifizierte. Im Umfeld des Weimarer Bauhauses entstand auch in Ungarn eine Künstlergruppe, die sich mit neuen, abstrakten und konstruktivistischen Wegen in der Kunst im Sinne Walter Gropius auseinander setzte. Der berühmte Plakatkünstler Bortnyik leitet das ungarische Bauhaus mit Namen *Mühely*, das erst 1938 geschlossen wurde. Bortnyiks Lehren prägten die ersten Plakatentwürfe Vasarélys und hinterließen auch in den folgenden Jahren ihre Spuren in seinen Werken. 1930 zog Vasarély nach Paris. Bereits nach kurzer Zeit verzeichnete er beachtliche Erfolge als Werbegrafiker, die ihm finanziell die Möglichkeit gaben, sich selbstständig zu machen und Assistenten zu beschäftigen. In dieser Zeit entstanden seine berühmten *Zebras*. In den folgenden Jahren entwickelte der Maler mehr und mehr seinen für ihn später so unverwechselbaren Op-Art-Stil: Liniennetze, Verzerrungen, perspektivische Studien, Schachbrettbilder. Seine ersten großen Erfolge als Maler und Künstler gelangen ihm durch die Galerie Denise Renè, die ab 1944 regelmäßig seine Werke ausstellte. 1951 zog Vasarély nach Arcueil. Dort entwickelte er seine räumlichen Schwarz-Weiß-Bilder. Ende der fünfziger Jahre ging er dazu über, in ein quadratisches Raster bestimmte geometrische Grundformen – Kreis, Ellipse, Quadrat, Rhombus, Dreieck – einzusetzen. In dieser Werkphase gewann die Farbigkeit wieder zunehmend an Bedeutung für seine Bilder. 1966 erhielt er den Preis der internationalen Biennale für Grafik in Krakau, gefolgt von zahlreichen weiteren internationalen Preisen, Ehrungen und Medaillen. 1969 wurde ihm der Titel eines Ehrenprofessors der Hochschule für angewandte Künste in Budapest verliehen. 1970 wurde das Vasarély-Museum in Gordes eröffnet, im gleichen Jahr ernannte man Victor de Vasarély zum Ritter der französischen Ehrenlegion. 1976 eröffnete ein weiteres Vasarély-Museum in Pécs, Ungarn, im Geburtshaus des Künstlers. Sein Weltruf als Künstler wurde endgültig gefestigt, als 1984 154 Serigraphien Vasarélys von einem französischen Astronauten mit der Sajut 7 in den Weltraum transportiert und anschließend für UNICEF verkauft wurden. 1983 wurde der Künstler Ehrenbürger der Stadt New York. Am 14. März 1997 starb Victor de Vasarély in Paris.

2. Zur didaktischen Analyse

Victor de Vasarélys geometrische Kunst bietet sich an, die mit den Schülern in den ersten vier Jahrgangsstufen gemachten geometrischen Grunderfahrungen im Fach Mathematik zu ergänzen und zeichnerisch umzusetzen. An vielen seiner Muster können die Schüler Symmetrien und Spiegelachsen finden, geometrische Grundformen entdecken, Muster mit gleichen Flächen oder verschiedenen Flächen unterscheiden, Muster mit Plättchen nachlegen, Wege durch ein Muster suchen, finden usw. Welcher andere Maler (außer vielleicht noch Piet Mondrian) bietet die ungewöhnliche Möglichkeit, eine Querverbindung zwischen den Fächern Mathematik/Geometrie und Kunst herzustellen, die zudem noch sinnvoll ist? Desweiteren macht den meisten Kindern das Malen und Zeichnen von Mustern Spaß, abgesehen davon, dass das Erstellen eines regelmäßigen (symmetrischen, spiegelbildlichen) Musters die Konzentration fördert.

3. Verlaufsplanung

(3. und 4. Jahrgangsstufe)

Kunstbetrachtung: Victor de Vasarély „Marna“, 1980, und „Folk-Lor“, 1973 (s. S. 64 f.)

Technik: Malen mit Farben, Geometriesierung des Bildraumes

Material:
- das Spiel „Vier gewinnt“
- Bunt-, Wachs- oder Filzstifte
- Arbeitsvorlage (s. S. 66)
- „Marna“, 1980, als Folie
- „Folk-Lor“, 1973, als Folie
- Arbeitsblatt „Victor de Vasarély“ (s. S. 67)

Sicher kennen Sie das Spiel „Vier gewinnt“. Wenn möglich, besorgen Sie sich dieses Spiel, oder lassen es von Schülern mitbringen. Idealerweise stellen Sie den

Schülern so viele Spiele zur Verfügung, dass jeder Schüler wenigstens einmal mitspielen kann.
„Vier gewinnt“ kann man auch auf Rechenpapier spielen, indem die Schüler ihr Spiel- bzw. Rechenplättchen an die jeweilige Stelle legen.
Diese Spielphase dient als Einstimmung auf die folgende Unterrichtsstunde.

3.1 Einstieg

Zwei Schüler spielen an einem Schultisch vor der Klasse ein kurzes Rollenspiel vor: Beide Kinder stützen ihre Köpfe auf die Hände, schauen ganz gelangweilt an die Decke und haben ihre Rechenhefte vor sich liegen:
Schüler 1: „Hmmmm, ist das wieder langweilig, das kann ich ja alles schon …“
Schüler 2: „Mir ist auch soooo langweilig, weißt du was, ich mach Muster.“
Schüler 1: „O. K., ich male dir ein Muster zum Anmalen vor. Magst du Kreise oder einfach nur die Kästchen ausmalen?“

Schülerarbeit „Victor de Vasarély“

3.2 Objektivierung 1

Die Kinder erhalten die Vorlage von Seite 66. Sie können diese auch vergrößern.
Entweder lassen Sie die Kinder nun Muster malen ohne eine Vorgabe zu geben oder sie geben folgende Arbeitsanweisung:
Male dein Muster so, dass du entweder immer die Kästchen ausmalst oder in die Kästchen Kreise malst. Bleibe bitte bei ein oder zwei Farben.
Die fertig gestellten Muster können die Kinder an die Tafel heften.
Anschließend lernen die Kinder den Maler und seine Werke kennen.
Victor de Vasarély hat im Laufe seiner künstlerischen Tätigkeit sehr viele, verschiedene Muster produziert, sodass es in diesem Falle wichtig ist, den Schülern mehr als eines seiner Werke vorzustellen.
Die beiden Schüler, die zu Beginn der Unterrichtsstunde das kurze Gespräch vorgetragen haben, sitzen nun erneut vor der Klasse.
Schüler 1: „Du hast doch gesagt, dass du solche Muster so schön findest?!“
Schüler 2: „Ja, stimmt. Warum?“
Schüler 1: „Schau mal, das habe ich dir mitgebracht. Ich habe es gestern in einem Buch meiner Eltern entdeckt. Das hat jemand gemalt, der Victor de Vasarély heißt.

Per Overheadprojektor wird den Schülern die Farbfolie des Bildes *Marna* (s. S. 64) gezeigt.
Lassen Sie den Schülern ausreichend Zeit, das Muster zu betrachten und sich anschließend dazu zu äußern.
Dann führen die beiden vor der Klasse sitzenden Kinder ihr Gespräch fort und informieren über den Maler.
Schüler 1: „Und, wie gefällt es dir, schau, von dem habe ich noch mehr Muster gefunden …“

Per Overheadprojektor wird ein weiteres Muster gezeigt (s. S. 65).

- Relief binaire, 1964
- **Folk-Lor, 1973**
- **Marna, 1980**
- Hyram Prism, 1980

Schüler 2: „Toll, der konnte das aber gut, dieser Victor de Vasarély. Lebt der Mann noch?“
Schüler 1: „Nein, Victor de Vasarély ist vor ein paar Jahren, nämlich 1997, in Paris gestorben. Paris, du weißt doch, die Hauptstadt von Frankreich, in der viele berühmte Maler gelebt haben. Eigentlich kam Victor de Vasarély jedoch aus Ungarn.“
Schüler 2: „Muster in Schwarz-Weiß finde ich auch mal 'ne Superidee. Aber auch seine bunten Muster, diese Farben. Spitze!“
Schüler 1: „Ich habe dir ein Foto von ihm mitgebracht.“
Das Arbeitsblatt (s. S. 67) wird von den zwei Schülern an alle verteilt und bearbeitet.

3.3 Objektivierung 2

Denk an unseren Mathematikunterricht. Auch bei Victor de Vasarélys Mustern können wir Dinge entdecken, die wir in unserem Mathematikunterricht gerade besprochen haben (je nach Jahrgangsstufe: Muster malen mit nur einer geometrischen Form, Muster nachzeichnen, Muster spiegelbildlich ergänzen usw.).
In Anlehnung an die Muster, die die Schüler von Victor de Vasarély gesehen haben, können Sie nun entweder
- ohne eine Vorgabe neue Muster von den Kindern anfertigen lassen,

Schülerarbeit „Victor de Vasarély"

Schülerarbeit „Victor de Vasarély"

- Farb- und Formvorgaben machen: z. B.
  Male dein Muster nur mit Kreisen.
  Male dein Muster nur mit Quadraten.
  Male dein Muster nur mit Dreiecken.
  Male dein Muster mit Kreisen und Dreiecken.
  Male dein Muster nur rot (gelb, grün, blau und rot usw.).
- ein symmetrisches/asymmetrisches Muster malen lassen.

Oft ergeben sich aus Ihrem Unterricht weitere Ideen zu Victor de Vasarély!
Die Muster der Schüler lassen sich übrigens auch gut anwenden als

- Postkartendesign/Grußkartendesign
- Ducheinband
- Geschenkpapier oder Ähnliches

Literatur:

Gassen, Richard W.: Vasarély. Erfinder der Op-Art. Ostfildern Ruit 1998.

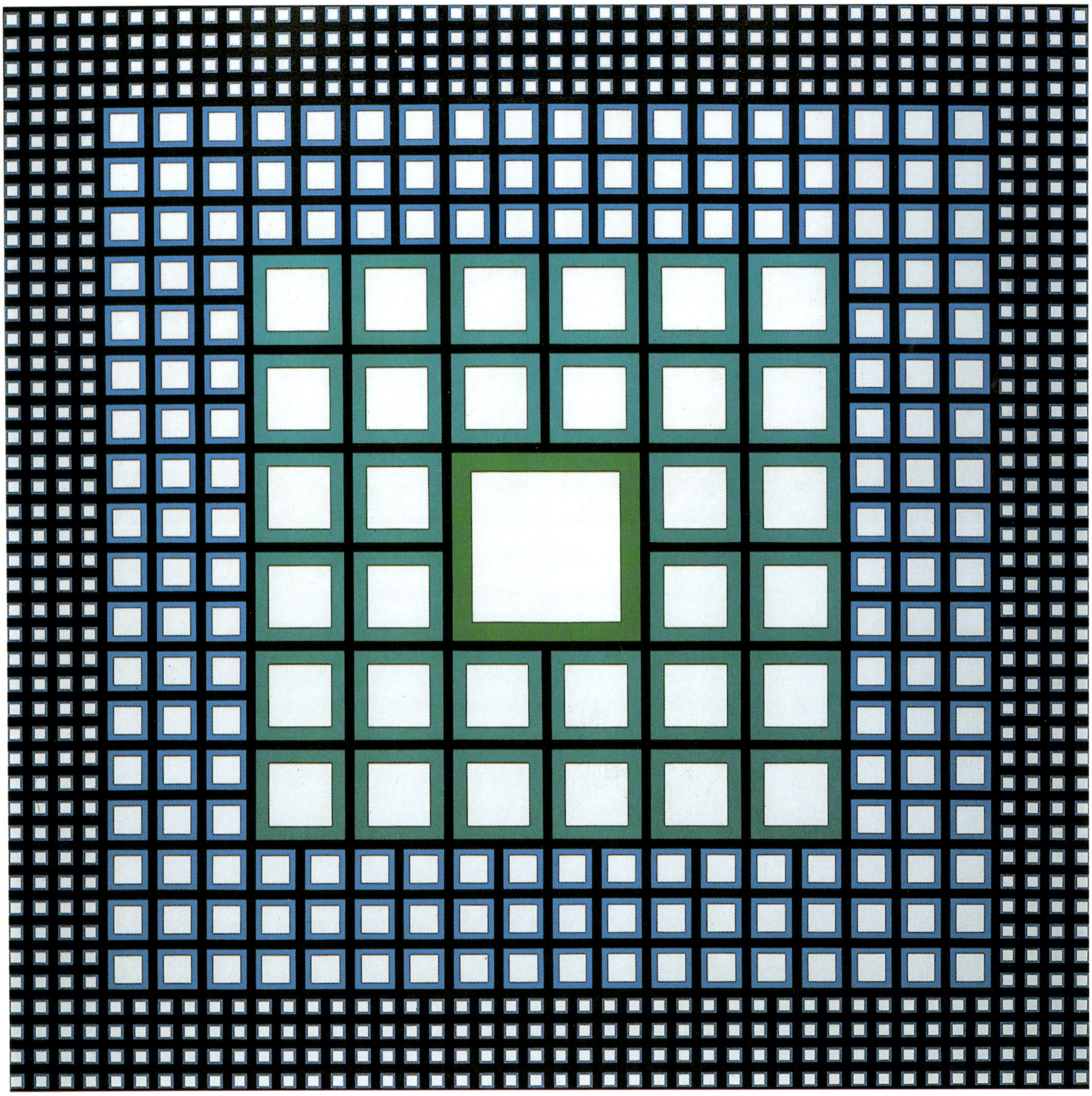

de Vasarély, Victor: Marna, 1980

de Vasarély, Victor: Folk-Lor, 1973
© VG Bild-Kunst, Bonn 2000

Arbeitsvorlage

Name:	Datum:	Kunst	

Das ist

Victor de Vasarély.

Hier siehst du ihn vor einem seiner berühmten Muster. Schau dir einmal genau an, was er mit diesem Muster gemacht hat …

In diesem Muster von Victor de Vasarély fehlen sechs Teile! Kannst du sie dazumalen?

Auch solche Muster hat er gemalt! Male die Formen bunt aus.

Bildquellen

S. 5

de Saint Phalle, Niki: Detailansicht von ihrem Relief Hier soir j'ai fait un rêve
© VG-Bild-Kunst, Bonn 2000

S. 6 de Saint Phalle, Niki: Parfumflakon mit Verschluss in Form verknoteter Schlangen
© VG-Bild-Kunst, Bonn 2000

S. 9/12

Titelblatt von *Life*
Foto: Arnold Newman

S. 10/11 de Saint Phalle, Niki: Gwendolyn, 1966/1990
© VG Bild-Kunst, Bonn 2000

S. 17 f. Kandinsky, Wassily: Improvisation 26 (Ruder), 1912
© VG Bild-Kunst, Bonn 2000

S. 18 Wassily Kandinsky in Dresden, 1905
Foto: Gabriele Münter

S. 18 Franz Marc, um 1912
Foto: Germanisches Nationalmuseum, Nürnberg

S. 18 Marc, Franz: Tiger, 1912

S. 19 August Macke, 1908
Foto: Westfälisches Landesmuseum für Kunst und Kulturgeschichte Münster/Macke-Archiv

S. 19 Macke, August: Zoologischer Garten I, 1912

S. 19 Paul Klee in seinem Atelier in Weimar, um 1922 (F6, Nr. 5)
Foto: Archiv Felix Klee

S. 19 Klee, Paul: Rosengarten, 1920,44
48,2 × 42,3 cm; Öl und Tusche auf Karton
Credit Line: Städtische Galerie im Lehnbachhaus, München, Gabriele Münter und Johannes Eichner-Stiftung und Städtische Galerie, Inv. Nr. G 16102
© VG Bild-Kunst, Bonn 2000

S. 20 Macke, August: Der Hutladen, 1913

S. 20 Kandinsky, Wassily: Mit Sonne, 1911
© VG Bild-Kunst, Bonn 2000

S. 20 Klee, Paul: Garten am Bach, 1927, 220 (V 10)
27,5 × 30,2/30,6 cm; Tusche und Aquarell auf Papier
Credit Line: Privatbesitz Schweiz
© VG Bild-Kunst, Bonn 2000

S. 20 Marc, Franz: Die gelbe Kuh, 1911

S. 23/26 Picasso, Pablo: Paul als Harlekin, 1924
© Succession Picasso/VG Bild-Kunst, Bonn 2000

S. 23/26 Picasso, Pablo: Bildnis Dora Maar, 1937
© Succession Picasso/VG Bild-Kunst, Bonn 2000

S. 24/27 Picasso, Pablo: Das Atelier „La Californie" in Cannes, 1956
© Succession Picasso/VG Bild-Kunst, Bonn 2000

S. 24/27 Picasso, Pablo: Brieflektüre, 1921
© Succession Picasso/VG Bild-Kunst, Bonn 2000

S. 25 Picasso, Pablo: Der Traum, 1932
© Succession Picasso/VG Bild-Kunst, Bonn 2000

S. 31 Henri Matisse beim Malen in seinem Atelier, 1931
© Succession H. Matisse/VG Bild-Kunst, Bonn 2000

S. 31 Henri Matisse lässt Formen anbringen
© Succession H. Matisse/VG Bild-Kunst, Bonn 2000

S. 32 Henri Matisse schneidet Formen aus, 1952
© Succession H. Matisse/VG Bild-Kunst, Bonn 2000

S. 33 Matisse, Henri: Polynesien: Das Meer, 1946
© Succession H. Matisse/VG Bild-Kunst, Bonn 2000

S. 34 Henri Matisse schneidet Formen, 1947
© Succession H. Matisse/VG Bild-Kunst, Bonn 2000

S. 34 Das Arbeitszimmer von Henri Matisse
© Succession H. Matisse/VG Bild-Kunst, Bonn 2000

S. 35/39/41 Rizzi, James: Happy City Folk, 1994
© VG Bild-Kunst, Bonn 2000

S. 35 Rosenthal Studio-line, 1999
© VG Bild-Kunst, Bonn 2000

S. 36/40 Brockhaus
© VG Bild-Kunst, Bonn 2000

S. 38/41 James Rizzi
aus: James Rizzi: New York. München, New York 1996

S. 40 New Beetle, 1999
© VG Bild-Kunst, Bonn 2000

S. 42/45

Calder, Alexander: Vier weiße Blütenblätter, um 1947
© VG Bild-Kunst, Bonn 2000

S. 44 Alexander Calder mit Modellen seiner Mobiles und Stabiles, 1967
© VG Bild-Kunst, Bonn 2000

S. 45 Alexander Calder, 1967
aus: Baal-Teshuva, Jacob: Calder 1898–1976

S. 45

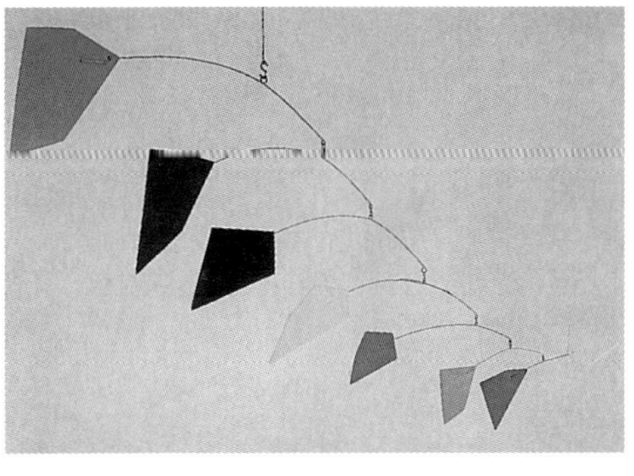

Calder, Alexander: Acht Polygone, 1973
© VG Bild-Kunst, Bonn 2000

S. 50 Jackson Pollock
© VG Bild-Kunst, Bonn 2000

S. 50 Jackson Pollock
© VG Bild-Kunst, Bonn 2000

S. 53/55

Marc Chagall, 1965
Foto: Colin

S. 54 Chagall, Marc: Fruchtkorb und Blumenstrauß, 1949
© VG Bild-Kunst, Bonn 2000

S. 55 Chagall, Marc: Der Geiger, 1912/13
© VG Bild-Kunst, Bonn 2000

S. 59 Monet, Claude: Seerosen (Detail), 1916–19

S. 60 Renoir, Auguste: Monet beim Malen in seinem Garten, 1873

S. 60 Monet, Claude: Die japanische Brücke, 1918/24

S. 60 Claude Monet, 1880

S. 64 de Vasarély, Victor: Marna, 1980
© VG Bild-Kunst, Bonn 2000

S. 65 de Vasarély, Victor: Folk-Lor, 1973
© VG Bild-Kunst, Bonn 2000

S. 67 Victor de Vasarély
Foto: Archiv Familie Vasarély
Werk auf dem Foto: © VG Bild-Kunst, Bonn 2000

S. 67

de Vasarély, Victor: Procion-Nég, 1957
© VG Bild-Kunst, Bonn 2000

Freiraum für fantasievolles Gestalten!

Claudia Stieve/Peter Steineke

Von Engeln und Lichtern

Weihnachten im Kunstunterricht der Grundschule

64 S., DIN A4, kart., farbig Best.-Nr. **4244**

Weihnachtsüberraschungen aus Brötchentüten, Engel aus Bonbonpapier, Lichter verzaubert durch Laub und Kaninchendraht – mit diesen außergewöhnlichen Kunstideen begeistern Sie Schüler/-innen garantiert! Anhand der 16 erprobten Unterrichtsvorschläge rund um Engel und Weihnachten lernen die Kinder den kreativen Nutzen unterschiedlicher Alltagsmaterialien kennen. Detaillierte Tipps zur Vorbereitung und Durchführung erleichtern fachfremden Lehrkräften die Umsetzung.

Petra E. Weingart

Mein Baum – Ein Jahresprojekt im Kunstunterricht

Materialien für die Grundschule

104 S., DIN A4, kart., farbig Best.-Nr. **4159**

Kunstunterricht lebensnah gestalten: Anschaulich zeigt dieser durchgehend farbige Band, wie Sie das Thema „Baum" spannend in den Unterricht integrieren und die Schüler dabei alle bildnerischen Techniken trainieren können. Jedes Kind soll ein Jahr lang seinen eigenen Baum beobachten und bildnerisch in vielen verschiedenen Techniken darstellen. Vom Projekttagebuch bis hin zum Organisieren von Ausstellungen – künstlerischem Ausdruck und Kreativität sind keine Grenzen gesetzt.

Ursula Gareis

Selbstbildnis und Porträt im Kunstunterricht

Materialien für die Grundschule

108 S., DIN A4, kart., farbig

Best.-Nr. **4175**

Porträtkunst in der Schule! Neben einfach nachvollziehbaren Gestaltungsvorschlägen bietet Ursula Gareis Hinweise zu den vielfältigen bildnerischen Verfahren und den Grundlagen der Gestaltung von Porträts.

Mit sofort einsetzbaren Arbeitsblättern als Kopiervorlagen, zahlreichen farbigen Abbildungen sowie Anregungen für Projekte und fächerübergreifenden Unterricht.

Jutta Ströter-Bender/Heidrun Wolter

Das Weltkulturerbe der UNESCO im Kunstunterricht

Materialien für die Grundschule

Band 1

120 S., DIN A4, kart. Best.-Nr. **4179**

Was man über die Weltkulturerbe-Stätten alles lernen kann, zeigt der Band in einer Fülle von originellen Vorschlägen. Vom Klassenzimmer aus unternehmen die Schüler/-innen eine Reise zu den bekanntesten Monumenten, erfahren viel über die Geschichte und werden dabei selbst auf vielfältige Weise kreativ. So bauen sie aus Steinen die Chinesische Mauer nach, malen mit Kohle die „Zeche Zollverein", fertigen Collagen nach dem Vorbild der Glasfenster des Kölner Doms an oder basteln venezianische Gondeln. In einem Kunst-Reisetagebuch können die Kinder ihre Eindrücke der einzelnen Stationen individuell festhalten.

Mit zahlreichen Informationen, Ideen und Bildern bietet das Buch auch fachfremd unterrichtenden Lehrerinnen und Lehrern innovative Unterrichtskonzepte.

Auer BESTELLCOUPON Auer

Ja, bitte senden Sie mir/uns

Claudia Stieve/Peter Steineke
____ Expl. **Von Engeln und Lichtern** Best.-Nr. **4244**

Petra E. Weingart
____ Expl. **Mein Baum – Ein Jahresprojekt im Kunstunterricht** Best.-Nr. **4159**

Ursula Gareis
____ Expl. **Selbstbildnis und Porträt im Kunstunterricht** Best.-Nr. **4175**

Jutta Ströter-Bender/Heidrun Wolter
____ Expl. **Das Weltkulturerbe der UNESCO im Kunstunterricht** Best.-Nr. **4179**

mit Rechnung zu.

Bequem bestellen direkt beim Verlag:
Telefon: 01 80/5 34 36 17
Fax: 09 06/7 31 78
E-Mail: info@auer-verlag.de

Bitte kopieren und einsenden an:

Auer Versandbuchhandlung
Postfach 11 52
86601 Donauwörth

Meine Anschrift lautet:

Name/Vorname

Straße

PLZ/Ort

Datum/Unterschrift

E-Mail

Kreative Impulse für die Unterrichtsgestaltung